本书系浙江外国语学院博达科研提升专项计划
"类型学视角下韩汉语差比范畴的对比研究"
（2020HQZZ6）课题研究成果

浙江外国语学院博达丛书

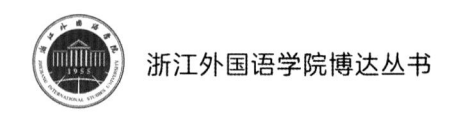

汉韩语差比范畴对比研究

A CONTRASTIVE STUDY OF
CHINESE-KOREAN COMPARATIVE
CATEGORY

史欣艳 —— 著

中国社会科学出版社

图书在版编目（CIP）数据

汉韩语差比范畴对比研究／史欣艳著. —北京：中国社会科学出版社，2022.6
（浙江外国语学院博达丛书）
ISBN 978-7-5227-0564-4

Ⅰ.①汉… Ⅱ.①史… Ⅲ.①汉语—对比研究—朝鲜语 Ⅳ.①H1②H55

中国版本图书馆 CIP 数据核字（2022）第 132859 号

出 版 人	赵剑英	
责任编辑	张　林	
责任校对	赵雪姣	
责任印制	戴　宽	

出　　版	中国社会科学出版社	
社　　址	北京鼓楼西大街甲 158 号	
邮　　编	100720	
网　　址	http://www.csspw.cn	
发 行 部	010-84083685	
门 市 部	010-84029450	
经　　销	新华书店及其他书店	
印　　刷	北京明恒达印务有限公司	
装　　订	廊坊市广阳区广增装订厂	
版　　次	2022 年 6 月第 1 版	
印　　次	2022 年 6 月第 1 次印刷	
开　　本	710×1000　1/16	
印　　张	11.5	
插　　页	2	
字　　数	201 千字	
定　　价	66.00 元	

凡购买中国社会科学出版社图书，如有质量问题请与本社营销中心联系调换
电话：010-84083683
版权所有　侵权必究

目　　录

第一章　绪论 …………………………………………………（1）
　第一节　研究缘起 …………………………………………（1）
　第二节　差比范畴相关研究综述 …………………………（3）
　　一　汉语差比范畴的研究现状 …………………………（3）
　　二　韩语差比范畴的研究现状 …………………………（12）
　　三　汉韩差比范畴对比研究现状 ………………………（15）
　　四　汉韩语差比范畴研究中存在的问题及建议 ………（17）
　第三节　研究目的及意义 …………………………………（19）
　　一　研究目的 ……………………………………………（19）
　　二　研究意义 ……………………………………………（19）
　第四节　研究方法 …………………………………………（20）
　第五节　理论基础 …………………………………………（21）
　　一　范畴化理论 …………………………………………（22）
　　二　象似性原则 …………………………………………（24）
　第六节　语料来源 …………………………………………（26）

第二章　差比范畴的界定及编码手段 ………………………（27）
　第一节　差比关系的界定 …………………………………（27）
　　一　传统语法的定义 ……………………………………（28）
　　二　语言类型学对差比关系的界定 ……………………（36）
　第二节　差比范畴的语义基础 ……………………………（38）
　　一　比较项可比性 ………………………………………（39）

二　同类比较 ……………………………………………… (40)
　　三　差异性 ………………………………………………… (45)
　　四　程度/数量变化义 …………………………………… (46)
　第三节　差比语义的编码手段及典型句式 ………………… (48)
　第四节　本书对差比范畴的界定及研究对象 ……………… (52)

第三章　汉韩语优比句的句法语义对比 ……………………… (58)
　第一节　优比句类型参项的表现形式及句法表现 ………… (58)
　第二节　汉韩语优比句比较项的句法特征对比 …………… (61)
　　一　汉语优比句比较项的句法特征 ……………………… (61)
　　二　韩语优比句比较项的句法特征 ……………………… (64)
　　三　汉韩语优比句比较项句法特征对比 ………………… (67)
　第三节　汉韩语优比句比较项的语义特征对比 …………… (70)
　　一　自比义和他比义 ……………………………………… (70)
　　二　同一认知域义和不同认知域义 ……………………… (72)
　第四节　汉韩语优比句比较结果句法特征对比 …………… (73)
　　一　形容词充当比较结果 ………………………………… (74)
　　二　动词性成分充当比较结果 …………………………… (81)
　　三　名词充当比较结果 …………………………………… (94)
　第五节　汉韩语优比句比较结果的语义特征 ……………… (104)
　　一　一般比较义 …………………………………………… (105)
　　二　强化比较义 …………………………………………… (105)

第四章　汉韩语次比句的句法语义对比 ……………………… (108)
　第一节　汉语次比句的编码方式 …………………………… (108)
　　一　"没有"句的句法形式 ……………………………… (111)
　　二　"没有"句的语义特征 ……………………………… (115)
　第二节　韩语次比句的编码方式 …………………………… (115)
　　一　"덜（不及）"型次比句的句法语义 ……………… (116)
　　二　"－보다 －지 못하다"型次比句的句法语义 …… (119)

三　"–만큼 –지 않다"型次比句句法语义 ……………… (123)
　第三节　汉韩语次比句对比研究 ………………………………… (125)
　第四节　汉韩语比较句肯定否定形式不对称现象分析 ………… (126)
　　一　比较结果项添加附属成分的不对称性 …………………… (126)
　　二　形容词比较结果语义倾向的不对称性 …………………… (127)
　　三　差比句肯定形式和否定形式的形式语义不对称性 ……… (129)

第五章　汉韩语差比标记及语序的类型学考察 ……………… (131)
　第一节　汉韩语差比标记类型对比 ……………………………… (131)
　　一　汉语差比标记来源 ………………………………………… (131)
　　二　韩语差比标记的来源 ……………………………………… (132)
　第二节　汉韩语差比句语序对比 ………………………………… (134)
　第三节　汉韩语差比句的类型学特点 …………………………… (136)

第六章　结　语 …………………………………………………… (138)
　第一节　主要结论 ………………………………………………… (138)
　第二节　创新及不足之处 ………………………………………… (144)

参考文献 …………………………………………………………… (146)

附　录 ……………………………………………………………… (156)

第 一 章

绪　　论

第一节　研究缘起

比较是人类认识世界最基本的方法之一,当人类想要表达某一事物与另一事物之间的差别时,就需要对不同的事物展开比较活动,这是人类在认知领域中的一种思维过程和方法。这种思维方式体现在语言上即为比较范畴,而比较范畴是绝大多数语言都具有的一种普遍性的语义范畴,在语言形式上通常表现为比较的句法形式。Sapir(1944)早在20世纪40年代就曾指出,根据物体具有的某种属性(高度、智商、颜值等)的量或度,建立一定的先后顺序关系(ordering),并进行比较,是人类具有的基本认知能力之一①。比较关系一般可分为等比关系和差比关系②。

Stassen(1985)将差比结构看作类型学的一个参项,认为它首先是一种语义结果,在不同的语言中可以编码为不同的形式。语言类型学的奠基人Greenberg(1963)曾指出:"语言比较结构的语序能单独决定个别语言的基本语序。"Lehmann(1973)对此做出了解释:"比较结构除了韵律因素外,很少会发生改变,因为它的重新排列是相当困难的。因此,比较结构在判断个别语言的基本语序时,能起着重要的作用。"类型

---

①　转引自罗琼鹏《汉语"比"字比较句的句法和语义》,《现代外语》2017年第3期,第324页。

②　关于比较的次范畴,学者们一般把比较范畴分为"平比"和"差比"两个次范畴。《马氏文通》中提到的"极比",刘丹青(2003)、刘焱(2004)、许国萍(2007)等学者都认为可以将其归为差比的下位范畴。

学家对比较范畴的研究通常都集中在差比范畴，特别是差比句的研究上，认为差比句的语序是判定语言类型的重要标准之一。Greenberg（1963）曾基于 30 种语言背景得出的 45 条共性中的第 22 条指出："当差比句的唯一语序或语序之一是'基准—比较标记—形容词'时，该语言为后置词语言；如果唯一语序是'形容词—比较标记—基准'时，大于偶然性的绝对优势可能是该语言为前置词语言。"该共性指出了差比句语序与介词类型的关系。Dryer（1992）基于 100 多个语组 625 种语言的统计发现，可以把差比句的语序进一步简化为两个要素：形容词和基准。他发现 OV（宾动）型语言基本上都取"基准 + 形容词"的语序，VO（动宾）型语言则一律用"形容词 + 基准"语序。该共性指出了差比句语序与动宾结构语序的相关性。观察汉语和韩语差比句①的基本语序可以发现，韩语差比句语序具有 OV 型语言及后置词语言的普遍特征，是具有语言共性的差比句类型。而作为 VO 型语言的汉语却使用"基准 + 形容词"（比小李胖）的语序，属于 VO 型语言的一个例外。由此可以看出，在类型学的视野下，汉韩语差比句在语序上呈现出的不同特性既符合人类语言的共性，也存在个性。

  汉语差比句的研究最早见于《马氏文通》（1898），马建忠首次提出了"比较"和"比较句"，并根据语义将比较关系分为平比关系、差比关系、极比关系。这对之后汉语比较句的研究产生了深远的影响。韩语差比句的研究起步相对较晚，金善熙（김선희，1972）最早从转换生成的角度对差比句的句法结构展开了研究。"差比"是一个语义关系范畴，表示两个对象在某一个属性上的程度差异（刘丹青，2017：200），差比语义范畴在语法层面也会以一定的形式表现出来。金立鑫（2017：19）曾指出语言类型学研究功能范畴的主要兴趣在于，不同语言在表达相同（或相似）功能范畴所采用的形式手段有何相同之处或相异之处。因此我们从差比语义出发进行研究，可以摆脱句法形式的限制，增强语言之间的可比性，更有利于我们考察表达差比语义的具体编码方式。

---

① 现有的差比句类型学研究均是针对表"胜过"的差比句，即第三章中讨论的优比句；表"不及"的差比句类型，即次比句，还未纳入类型学的研究领域。因此这里提到的类型学研究的差比句就是指狭义范围的优比句。

汉语和韩语分属于不同语系。学界目前一般认为汉语属于汉藏语系，基本语序类型为SVO，属于无形态变化的孤立语，语法关系主要通过虚词或句子语系来表达。韩语的系属问题学界还没有定论，目前普遍的说法是韩语与蒙古语、土耳其语、通古斯语等同属于阿尔泰语系，基本语序类型为SOV，语法关系主要是通过助词和语尾来表达。汉韩语两种语言在编码差比语义时，必然会存在着很多差异。同时，若我们将汉语和韩语置于人类语言大背景下考察的话，也可以归纳出两种语言的共性，进而通过语言的普遍性研究来挖掘和解释语言表现出某种特殊性背后的动因。

本书以汉韩语差比范畴对比分析为研究基础，对汉韩语差比范畴展开详细的描写与解释。目前，汉语和韩语的语法研究已经取得了不少的成果，刘丹青（2010：2）曾指出："汉—韩语两边所用的语法框架大都没有达到通用性、可比性的理想境界，因此有时会出现事半功倍的效果。"建立一个两种语言都适用的框架对于语言的对比研究来说具有重要的意义。本书参考刘丹青根据B. Comrie和N. Smith合著的《语言描写问卷》而编著的《语法调查研究手册》（2017），再加上本书对差比范畴研究框架做出的适当调整，对汉韩语差比范畴展开对比研究。

本书在汉韩语本体研究成果的基础上，对汉韩语差比范畴进行多角度的对比分析。差比范畴该如何界定，差比范畴包括哪些下位范畴，这是我们首先需要考察的问题之一。汉韩语在表达差比这一表义功能范畴时，分别可以采用哪些编码方式，它们的句法语义有何异同，这也是需要继续展开描写讨论的问题。汉韩语差比范畴中比较标记的性质以及语序表现等是汉韩语对比研究中涉及较少的内容，需要我们进一步深入的对比研究。

第二节　差比范畴相关研究综述

一　汉语差比范畴的研究现状[①]

在汉语差比范畴研究的历史中，《马氏文通》首次提出了"比较"和

[①] 此节内容曾以论文形式发表在《牡丹江大学学报》2019年第5期上，其中略有删减。

"比较句",并根据语义关系把比较关系分为平比关系、差比关系和极比关系,这对之后汉语比较句的研究产生了深远的影响。汉语比较句虽然不像英语等印欧语一样有明确的形式标记,但也存在着一些语法标记,如介词"比",副词"最"等。一直以来学界十分关注比较句特别是比字句的研究,对比较句的各个层面都有讨论。总的来说,20世纪80年代及之前的研究主要以比较句句法结构形式的描写为主,详细的描写为后来的研究奠定了基础。90年代之后,学者们使用各种语言理论对差比范畴及具体句式展开了研究,扩宽了差比范畴的研究领域,开拓了新的研究角度,取得了较为全面的成果。其中,比较句的界定和分类、比较句句法语义语用的描写、比较标记"比"的性质和语法化过程、语言内部的对比研究到跨语言的类型学研究等都比较活跃,显示出了比较句这一语法现象在汉语研究中占据着不容忽视的地位。

(一) 比较范畴的语义分类研究

在前文中提到,将比较作为一个语法范畴进行研究,从1898年《马氏文通》创建汉语语法系统之初就已经开始了。对汉语语法进行研究,学者们很重视语法系统的建立,比较范畴也是其中必不可少的一个语法范畴。对于比较范畴的界定与分类,学者们基本上都是从语义概念着手进行划分,再将具体的句法形式按语义概念归类。下面整理了前贤们对比较范畴的界定与分类。

表1-1　　　　　　　　比较范畴的界定与分类

代表学者		形式标记
马建忠	平比	如;若;犹;由
	差比	於
	极比	最;至;极;甚
黎锦熙	平比	像;似;好比;犹如;和……一般;无异于;不下于;等于;相当于
	差比	赛过;强于;不如;不及;没有;差似
	审决	与其……宁可;与其……不如

续表

代表学者		形式标记
吕叔湘	类同	也
	比拟	象；一样；似的
	近似	象；似的
	均齐	一般；一样；那么；不比；不下；不减
	不及	不如；不及；比不得；赶不上；没有
	胜过	更；比……（还/更）
	尤最	最；尤；较
	得失	宁；不如
	倚变	越……越
高名凯	差级	更；益；愈；尤；于；较（比，比较）……为
	极级	最（最为）；至；极；绝；殊；……为……最
赵元任	同等；企及	x 跟（同、和）y 一样 A；x 有（像）y（那么）A
	较胜	比……更……；……比……（的）多
	较差	X 没（有）y（那么）A；不如；不及
	最高	顶；最
	反最高	最（顶）不 A
赵金铭	不及	……不如……；……没有……那么……；……不及……；……比不上……；……赶不上……；……次于……
	等同	……跟……一样……；……跟……那么……；……跟……一般……；……跟……相同……；……有……那么……；……等于……；……相当于……；……不比……；……比得上……；……赶得上……；……无异于……；……不下于……；……不亚于……
	近似	……像……；……好像……；……像……这么……；……像……似的……；……似的；……跟……相近似；……跟……差不多；……跟……不相上下；……好似……；……如同……；……近似于……；……犹如……
	胜过	……比……；……比……还/更……；……比……一点儿/一些……；……比……形+动+数量补语；……比……动+得+程度补语；……比……助动+动；……比……还（名）；……高/重/大/强于……；……高/胜/长/强过……

续表

代表学者			形式标记
刘焱	平比	相同	……跟/和……一样；……等于……
		类同	"也"字句，"不比"句
		近似	"有"字句，"差不多"句
	差比	不及	"没有"句，"不如"句，"不像"句，"比较"句；
		高出	"比1"字句，"更"字句，"越来越"句，"很"字句
		极端	"最"字句，"连"字句，"比2"字句
许国萍	平比	近似	X 有 Y（那么）R
		等同	X 跟/像 Y 那么/一样 R
	差比	极比	X 最 R
		胜过	X 比 YR
		不及	X 不像 Y 那么 R，X 不比 YR，X 没有 Y（那么）R，X 不如 Y（那么）R

　　学者们对比较范畴的语义分类不尽相同，尚未达成一致观点。划分标准主要是从语义出发，并且受到了英语中比较范畴的原级、比较级和最高级三种语义类型的影响。但由于汉语的比较句式比较复杂，有些比较句式主要依靠语序手段表达比较意义，缺乏严格意义上的形式标记，因此从单一的语义标准来对比较范畴分类及比较句划分时，各学者的研究结果存在差异。

（二）差比句的句法、语义与语用研究

　　"比"是汉语学界公认的差比标记。比字句是典型的差比句，差比范畴中关于比字句的研究也最为深入和详细。许国萍（2005）在文献回顾部分梳理了2005年之前比字句及其否定句式的研究成果。她将比字句的研究分为比较项的句法结构、比较项对称性问题和结论项的研究三部分，并且讨论了差比句的否定句式。2005年之前关于比字句句法结构及比字句否定式的研究在许文中已进行了详细的论述，在这里不做赘述。

　　近年来，平山邦彦（2014）、李劲荣（2014）都采用认知语言学的

"整体—部分"框架来探讨比较项"X 的 Y"的替换问题。平山邦彦（2014）以马真（1999）的研究成果为基础，对"X 的 N 比 YW"这一"不对称"格式的比字句，从其合格性认定的认知机制及作用的角度进行探讨，总结出了合格性的认知有两种途径，分别是比较项 X/Y 的词语意义和比字句的结构意义。

关于差比句否定式的研究，王黎（2009），崔维真、齐沪扬（2014）等学者也有一些新的成果。王黎（2009）认为，"不比"句不论是从形式还是语义的角度来考察都是比字句的否定式。"不比"句的否定辖域覆盖了一个意义"面"。"没有"句不是比字句的否定式，它只是一种用以陈述"不及"义的句式，不是否定式，也不具有否定功能。崔维真、齐沪扬（2014）从形式入手，对"比"字句肯定否定形式存在的不对称和对立中和现象进行描写，并运用焦点理论、认知心理、语用预设等进行了解释，进而探讨制约比字句肯定否定形式不对称的因素。差比句否定形式的研究是一个比较复杂问题。逻辑上，含有一个否定词的句子应该和相应的肯定句意义刚好相反，但是汉语差比句的肯定形式意义是单一的，而带否定词"不"的否定形式是多义的。这个问题引起了学者们的关注，也尝试从各种不同的角度对差比句的否定形式进行描写和解释。目前关于差比句的否定形式"不比"句语用功能的讨论比较详细，学者们也在一定程度上达成了共识，但是对出现这种形式和意义不对称现象原因的解释还不是很充分。

学界对于比字句中比较点的讨论还较为欠缺，主要原因是比较点不是句法结构的必需成分，经常表现为句法上的零形式。对句子中比较点的正确判定与分析，直接影响着对整个句子语义的把握。殷志平（1987）认为比较项和比较点可以合二为一。刘焱、邢贺（2004：112）指出了比较点能够隐含的原因，即"由于比字句的比较项、比较结果或比较差值本身提供了足够的信息量或排除了其他多余信息，使得比较点可以顺利隐含"。并且从比较点的隐含与比较项、结论项之间的关系入手，指出比较点的隐含受到语义、认知、语用等多种因素的制约。徐茗（2005）、高云玲（2007）、过玉兰（2008）持同样的观点，认为比较点与结论项之间存在关系，比较点的隐含可以通过结论项找回。

比字句不仅有两项比较,还有三个或多个次项比较句,对这种多项比较句,学界讨论得较少。陆俭明(1999)指出,副词"还""更"中能够用于三项比较句中的只有"更"。张谊生(2009)在陆俭明(1999)研究的基础上,分析了带副词"更"的多项比较句的比较格式和程序,证明了三项或多项次第比较句的实质是多次两项比较句。李金平(2017)考察了一种新兴的"三项式差比句"即"X 比 Y 差/好 N 个 Z"。这种新兴的差比句与原型差比句的区别在于,比较主体和比较对象之间的差异用"数量词组+专有名词"形式引入同一范畴的第三者来居中衡量。文章从"三项式差比句"的结构特点、形成机理、语义特点和语用功能等方面揭示了这类差比句的独特性。

关于比较句整体的句法语义问题,何元建(2010)将研究的重点放在了分析比较句式的成分结构上,解析"比较"作为一个语法范畴在句法结构上的具体表现,并理清了不同比较句式之间的内在结构联系。何文(2010:18)指出:"比较句式的标记性词语如'有、像、比(较)、相比(较)'可以看做轻动词,而表示比较结果的成分则是谓词,这个谓词如果带上主语,复指比较的主体或客体,就可以形成等比句和差比句之间的变换。"刘丹青(2012)在语言库藏类型学的框架下探讨了汉语差比句和话题结构的关系,指出比字句所具有的独特的句法自由和句法限制都属于话题结构的属性。比字句和话题句高度同构,是话题结构作为显赫范畴扩张的产物。罗琼鹏(2017)关注比字句的理论价值,将"程度"这一概念引入比较句的研究,指出了比字句的语义跟程度的比较有关,提出了比字句的底层结构。

综观前人的研究,比字句中比较项、结论项以及否定句式"没有"句和"不比"句的研究占据了主体,涉及句法、语义、语用等层面。目前学界对比字句否定形式的句法语义语用的描写较为充分,但对于否定句式形式和语义"不对称"现象解释层面的研究还不是很深入。对比字句中比较点的讨论研究还不是很多,而正确识别比较点涉及能否正确理解整个句子以及对句子语义的把握,这是今后比字句研究的重点之一。

(三)差比句语序及比较标记的语言类型学研究

差比句的语序类型,是语言类型学研究的重要内容之一。汉语差比句的语序在语言类型学方面呈现出一些引人注目的特点，最典型的就是差比句的语序原本为"XA（结论项）于Y"，这与类型学家提出的SVO语言的结构类型是一致的，但是后来汉语差比句却出现了"X比YA（结论项）"的语序。汉语差比句在语序上表现出来的个性特征引起了汉语学界学者们的普遍关注，出现了许多在类型学的视角下对汉语（及汉语方言）差比句语序及比较标记的研究。

刘丹青（2003）认为汉语差比句的调查研究需要更多的引入语言共性和语言类型学的视野。他将差比句分解为几个次参项，细化和深化了差比句的观察和分析，为不同语言及方言差比句的调查、描写和分析提供了一个调查框架和研究思路。他提出的考察重点有：差比结构的构成要素、不含标记的差比表达法、比较标记的标注方向、基准的位置和比较标记的位置、差比句的否定形式。他认为，这个框架可以对差比句在普通话和方言间可能会出现的句法差异进行全面了解和深入分析。刘丹青（2017）在《语言调查研究手册》一书中更加详细全面地提出了差比句进行调查时应该考察的项目。相较2003年他提出的调查框架，还增加了在比较从句和它所从属的句子有等同成分的情况下，句子中哪些成分可以省略，哪些成分不可省略，哪些成分必须被省略以及形容词用于比较结构时的形态表现等问题的考察，使调查框架更加完善。

关于汉语差比句的语序问题，学者们一般都是从语言类型学的视角进行跨方言的考察，主要代表学者有李蓝（2003）、李云兵（2006）。李蓝（2003）在语言类型学的理论背景下将现代汉语方言差比句分为八种基本语序类型，并详细描写了这八种语序类型在汉语各方言中的分布情况。作者认为各语序类型并存，以双语序和多语序类型为主，这是汉语方言差比句的类型特点。李云兵（2006）以中国南方民族语言的著作所提供的材料为据，将中国南方民族语言句法结构的基本语序归纳为SOV、SVO、VSO三种类型，差比句的语序类型分别是ST＋M＋A、A＋M＋ST、A＋ST，基本遵循SOV、SVO、VSO各自所具有的语言共性。

对差比句中比较标记的研究也是语言类型学考察的一个重点。比较标记的考察研究是以往传统汉语差比范畴研究中忽视的问题，但它具有类型学的研究价值。郑慧仁（2012）在类型学的视野下对现代汉语差比标记"比/过"进行了考察，分析了这类差比标记共时平面的义项分布，绘制了语义图，并从认知的角度对关联机制进行解释。邓凤民（2012）提出汉语比较标记的动词性质及其语法化程度决定着汉语的差比表达格局，同时制约着汉藏语系其他语言对汉语比较标记的借用和接受程度。

（四）特殊比较句式研究

1. "比 N 还 N" 句式的研究

在汉语比较句中存在像"比 N 还 N"这类句法语义比较特殊的句式。"比 N 还 N"这个结构中必须出现"还"，而且前后两个名词形式要相同。对于这种特殊结构具有的句法语义特征，学界不乏讨论，学者们的研究侧重点也不尽相同。目前，学者们的研究主要从三个不同的角度展开讨论，一是从修辞学的角度讨论其修辞意义；二是从构式语法的角度来探讨其结构及语义特点；三是着重探讨句式中"N"的语义特征。宗守云（1995）、尤庆学（2001）侧重从语用修辞效果的角度研究其句式意义，认为"比 N 还 N"具有委婉、夸张、含蓄的修辞效果。周锦国（2003）指出这一结构所用的辞格类型有夸张、转品、比喻、反复、对比，属于辞格的兼类现象，并进一步指出了其修辞意义产生的机制。

近几年，杨玉玲（2011）、程亚恒（2013）从构式语法的角度重新审视这一特殊句式的结构及语义特点。杨玉玲（2011）从构式语法的角度考察了"比 N 还 N"的构式义、结构特点、形成机制以及其中 N 的特点，指出只有描述性义素非常强的名词才可以进入这一句式。文章还运用"语法的动态观"对副词"还"修饰名词这种现象进行了解释，并且对该构式的修辞效果和修辞手段进行了探讨。程亚恒（2013）指出，"比 X 还 X"构式①是在类推机制下产生的，是强势模因"比 X 还 Y"在复制和传播过程中的一个变体。构式中的"X"具有描写性、判断性和模糊性，并指出了"比 X 还 X"构式产生的主要动因是这个构式具有避免直白和通俗的语用价值。

关于"比 N 还 N"句式中 N 的特性，徐茗（2006）指出 N 具有［+

---

① 作者指出，"比 X 还 X"构式中 X 的词性并不单一，主要是名词、形容词，但也有动词和其他词类。

量度］的语义特征，而且必须具有强式描述性语义特征。句式中的第一个 N 和第二个 N 同形但不同质，N 可以帮助确定比较点。郭晓红（2001）指出，"比 N 还 N"中，比较物的相似性带来了被比项 N 取类的广泛性，格式常项的比较义凸显了变项 N 的内质细节，介词结构规约了结论项 N 的述谓性。

很多学者虽然对"比 N 还 N"展开过研究，但是缺乏对比研究的视角，没有与相关句式进行对比研究，难以说明这个特殊句式的语法意义是句式的个性特征还是相关句式的共同特征。马伟忠（2014）通过对"比"字句式群中相关句式的最小对比研究，归纳"比 N 还 N"的结构、语义特点及其在句式群中的语法位置，弥补了前人研究中对这一构式存在理据性考察的不足。马文中指出"S 比 N 还 N"句式的核心语义是比字句式群中凸显比较主体"S"的属性特征并具有最强主观量的虚拟比较句。

2. 递及比较句"一 M 比一 M + VP"

目前，差比范畴中有一类存在争议的句式是"一 M 比一 M + VP"句式，一般来说这类句式具有表达"程度累进"的语义，学界称为"递及比较句"。丁声树（1961）曾指出比字句的用法有两组，一是同类事物的比较；二是程度的差别随时间而变化。丁声树提出的第二类就是我们这里讨论的"递及比较句"，虽然丁文中没有展开详细论述，但是可见这类表比较的句式早就引起了学界的关注。关于这类句式到底能不能列入差比范畴仍然存在争议，这类句式到底表达何种语义也是学界讨论的热点问题。

学界对"一 M 比一 M + VP"这一句式的考察主要集中在这类句式所表达的语法意义上。"一 M 比一 M + VP"是汉语中一类很常见而且能产性很强的句子，M 是量词，VP 为述语成分。吕叔湘（1980）指出："一 + 量 + 一 + 量"表程度累进。武柏索（1988）提出，介词"比"的前后重复数词"一"和"一"的量词，构成比较句式，表示事物前后时期或彼此性状在程度上的累进。项开喜（1993）在前人研究的基础上进一步提出并不是所有的"一 M 比一 M + A"都表示比较意义，指出有没有时间范畴表达是"一 M 比一 M + A"格式能否表达比较义的判断标准。

刘长征（2005）认为递及比较句的规约意义是表示程度的累进，蕴含意义是表示周遍。当"一M"指代的对象具有时间性数量特征时，递及比较句激活的是规约意义；如果"一M"指代的对象只具有离散性数量特征，不具有时间性特征，递及比较句的强势意义是激活蕴含意义，表示周遍。为了找出制约这种句法结构相同的句式在意义表达上出现差异的因素，他从现实规则对句法规则的制约作用以及人类认知规律的角度探讨了制约递及比较句表达意义差异的深层原因。吴为善（2011）指出可以将"一M比一M+VP"这类句子定性为递进性差比义构式，构式中的数量短语"一M"中的"M"可以是时量，也可以是物量。吴文也同样认为"递进性差比以时间要素为基础"。吴文中选取出现频率最高、具有代表性的三个量词"天""次""个"作为考察对象，分别考察了时量向动量、动量向物量的构式演变。

比较句中的两类特殊句式"比N还N"和"一M比一M+VP"无论是在句法结构还是语义表达上都存在一定的特殊性，也是学者们研究的一个兴趣点。不少学者也尝试运用构式语法理论对这类特殊比较句式展开研究，取得了一定的成果。但是大部分学者对这两类特殊句式的研究都集中在肯定句式的研究上，在句法结构和使用、表达等方面，肯定式和否定式之间存在着不对称性，还有待进一步考察。

二 韩语差比范畴的研究现状

相比汉语差比范畴的研究，韩语差比范畴的研究在韩语学界的关注度不太高，相应的成果也并不是很丰富，差比范畴及差比句式的研究历史并不太长。在韩语传统语法中，学者们的关注点主要放在了表比较义的副词格助词"만큼""처럼""보다"等上，主要考察这类助词在语法体系中的语法地位以及与其他助词的相互关系。从严格意义上来说，这类表比较义的副词格助词的研究并不能看作比较句的研究。韩语学界真正意义上的差比句研究始于김선희（金善熙）（1972），他首次考察了现代韩语中"보다"差比句的句法构造。김선희（金善熙）（1972）的研究开了差比句研究的先河，为后人的研究打下了基础。韩语学界对差比范畴及差比句的研究主要是从句法和语义两个方面展开的。以下我们将从

句法和语义这两个方面对前人的研究进行梳理。

(一) 韩语差比句的句法研究

对差比句句法的研究大部分学者主要还是集中在"-보다 더-"句式上。学者们对该句式的研究最早是从生成语法的角度展开的,主要讨论差比句的生成原理,代表学者有김선희(金善熙)(1972)和김정대(金正大)(1993)。김선희(金善熙)(1972)从生成语法的角度将差比句看作两个基本句式的组合,重点考察了差比句式底层构造是由哪些变形规则而生成的表层结构。김정대(金正大)(1993)也是从生成语法的角度对差比句展开的研究,他主要考察了差比句的下位分类、生成原理、底层构造等问题。

差比句研究的早期阶段,学者们还致力于探讨研究差比句的定义、类型、构成等基本问题。정철주(郑哲洙)(1984)首先将比较句分为了平比句和差比句,然后提出了差比句的句法构成以及基本组成成分。他根据作谓语的成分不同将差比句分为了形容词作谓语的差比句、动词作谓语的差比句和名词作谓语的差比句,并做了具体分析。이승명(李承明)(1992)从比较句的定义、差比句的构成、差比句形成的前提等方面对韩语比较句及差比句进行了考察。

韩语差比句的典型句式是"-보다 더-",这是无可争议的。韩语学界对差比句的句法分析也主要集中在对这一句式以及对"더/덜"(更/不及)的分析上。정인교(郑仁乔)(1981)重点考察了"-보다 더-"句式的句法特征以及句式上的限制。他在文中重点强调了差比句并非印欧语系特有的句法形式,而是人类语言共有的具有普遍性的语法范畴。他在前人研究的基础上首先指出,"-보다 더-"的表层结构是由"주문"(主句)和"구성문"(构成句)构成。"주문"(主句)和"구성문"(构成句)之间存在着一定的语义制约,即两者的量化要素(양화요소)必须保持同质性(동질성),并详细分析了比较句中比较项、比较结果、副词的成分。

양철배(梁哲培)(1983)认为可以将比较句分为同等比较和差等比较,重点讨论了差比句构成成分的语法价值。他根据比较方式将韩语差比句分为了三类,一是对两个事物都具有的同样的因素进行比较,如

"백두산은 설악산보다 더 높다(长白山比雪岳山更高)"。二是对某一个事物所具有的两种不同的因素进行比较,如"최남선은 문학가라기보다는 역사가라고 보는 것이 더 낫다(崔南善与其说是搞文学的,不如说是搞历史的)"。三是对某一个事物在各种不同的情况下——时间、空间、表示程度的尺度等所产生的变化程度进行比较,如"나는 낮에보다 밤에 공부가 더 잘 된다(我在晚上学习比白天更有效果)"。

差比句结构中的"더/덜"(更/不及)的出现和省略问题也是韩语学界研究的重点。其中研究差比句中"더"(不及)的出现和省略问题的学者较多,而对"덜"(更)的研究还较少。学界普遍将出现在差比句中的"더"看是程度副词,对它出现在差比句中时的随意性和必需性的规则进行考察,如우순조(禹顺祚)(2016)。우순조(禹顺祚)(2016)认为差比句中"더/덜"(更/不及)在句中的省略问题是遵循一定规则的,分别考察了在形容词和动词作谓语的差比句中"더/덜"(更/不及)的出现和省略情况。对于"더"(更)在句中程度副词持反对观点的学者有황미향(黄美香)(1996)、류병래(柳炳来)(2017)等,他们认为"더"(更)也是一种比较标记,在句中是必需的。황미향(黄美香)(1996)认为"보다"(比)差比句的中心不是后置词"보다"(比),而是"덜/더"(不及/更),将"더/덜"(更/不及)视为"比较素(비교소)"。她认为比较主体和比较对象之间的程度关系不是通过"보다"(比)来体现的,而是通过"더/덜"(不及/更)表现出来的,"더/덜"(不及/更)的出现不是任意不规则的。出现在"보다"(比)前面的先行要素是差等比较的对象,将其视为"比较对象标记(비교대상표지)"。류병래(柳炳来)(2017)从类型学的视角分析认为"더"(更)不是单纯的程度副词,而是将其看作比较标记,"더"(更)的分布与表程度性的谓语有密切的联系,认为是差比句的必需成分。송홍규(宋洪圭)(2017)指出"덜"(不及)主要用于劣势差比句中,认为使用"덜"(不及)的差比句中,比较主体和比较基准都具有程度性谓语的属性。

(二)韩语差比句的语义研究

到20世纪90年代后半期,韩语学界对差比句的研究由之前的句法研究转向了语义研究。具有代表性的研究主要有:정철주(郑哲洙)

(1984)、정인수（郑仁秀）(1998)、하길종（夏吉宗）(1999)、오경숙（吴京淑）(2003)。

정철주（郑哲洙）(1984)在讨论差比句的下位分类时，根据谓语是否具有"［+状态性］"的语义特征对差比句进行了分类。然后从语义角度探讨了出现在差比句中的程度语（即谓语）以及基准问题。정인수（郑仁秀）(1998)主要讨论了在形容词作谓语的差比句中，根据尺度语义将形容词分为四类：开放尺度、限制尺度、不对称尺度和单项尺度。하길종（夏吉宗）(1999)从语义的角度出发考察了韩语差比句的句法语义。他主要考察了比较句中使用的词汇的特性，比较和比喻各自的语义特征和两种的语义差别，比较格助词的特性。考察整理出了比较句的体系特征，并分别考察了等比和差比的特征。오경숙（吴京淑）(2003)分析了后置词差比句的语义特征。她将后置词比较句分为了"정도비교를 나타내는 비교구문（体现比较程度的比较句）"和"사건, 상태 비교를 나타내는 비교구문（体现事件，状态比较的比较句）"两类，这样划分的依据主要是她认为比较句的语义特征与比较对象的关系更为密切。

（三）类型学视野下的韩语差比句研究

韩语学界对韩语差比句的研究主要集中在句法语义层面，在类型学视野下对韩语差比句展开的研究还不是很多，但近年来也不乏学者从类型学的视角对韩语差比句展开讨论，主要代表学者是류병래(2017)。他首先通过 Stassen（2013）、kennedy（2005，2007b）所列举的差比句的类型学分类，考察韩语的差比句在类型上属于人类语言中的哪种类型，从而论证在韩语中差比句是一种独立的句法类型。他列举说明了五点理由来证明"더"（更）是比较标记的论点，"더"（更）在差比句中不是任意出现的，而是必需成分，并从类型学的研究中找到了同样的语言依据。

三 汉韩差比范畴对比研究现状

关于汉韩差比句对比的研究也不少，部分学位论文也都涉及相关内容，但大部分还是以三个平面理论为基础，从句法，语义，语用的角度展开对比，如李娜（2004）、金燕（2007）、关馨（2014）等。李娜（2004）对汉韩"比较"范畴的表达形式进行了对比。她将"比较"范

畴分为"胜过""等同""不及""倚变"四级，从共识的角度着重探讨汉韩比较句在这四级关系表达上的异同及对应关系。金燕（2007）同样也对汉韩"比较"范畴进行了对比考察。她在前人研究的基础上，将比较范畴划分为"差比"和"平比"两个层次，其中"差比"包括"胜过""极比""倚变"等，"平比"包括"等同"和"近似"两个层次，分别考察了这五种语义关系句法表达的句法、语义特征，并且还考察了它们的否定形式。关馨（2014）对韩语中的"보다"（比）句和汉语中的"比"字句进行了句法、语义上的对比研究，找出了它们的共性和个性。

柳英绿（1999）从结构主义的角度对汉韩语中的"보다－（比）"差比句和"比"字差比句进行了双向对比研究，主要考察了差比句各构成要素在句中所做的句法成分，讨论了差比句中的程度副词以及分析了歧义句的问题等。柳英绿的研究可以说是较早的汉韩差比句双向对比研究的论文，开了汉韩差比句对比研究的先河，为后来的汉韩差比句对比研究奠定了基础。

史银妗（2003）对汉韩语差比句进行了对比研究，提出韩语比较基准和比较主体的相对语序是自由的，而汉语比较基准不能随便移动，否则句子不合语法。她将两种语言差比句的区别概括为：（1）比较标记的语法属性不同，汉语比较标记使用介词"比"，韩国语则用助词"－보다（比）"。（2）汉语比字句只有主语或话题才可以进行比较，直接宾语不能用作比较项，韩国语没有这种限制。（3）汉语差比句中否定词"不"的位置和否定范围与韩国语不同。

崔健（2010）指出汉韩差比句的差异主要反映在比较基准的位置及话题化，比较主体和基准的同类与否，同类成分的删除规则的异同，歧义的产生和消除，差比表现的典型程度及其句法上的要求等方面，这些差比主要跟比较标的性质、位置以及语序类型差别有关。崔文将汉韩语差比句放到人类语言的大背景下进行对比考察，对我们的研究很有借鉴和指导意义。

金琮镐（2011）首先将差比句分为"胜过差比句""不及差比句""极比差比句"，分别考察了当名词充当比较结果时，需要满足哪些语义特征才能进入这三类差比句中，对比了两种语言的共同点和不同点。通过对比发现，在汉语差比句中，当名词充当比较结果时，语义特征受的限制更大。

金庆民（2017）立足于对外汉语教学，将汉语比较范畴中"比"比较句、"跟"比较句、"有"比较句和韩语比较范畴中"보다（比）"比较句、"만큼（相似）"比较句、"와/과（和）"比较句作为研究对象，以汉韩比较句对比分析为研究基础，以比较句的描写和分析为研究重点，对汉韩比较句进行多角度的对比研究，探讨两种语言比较句的对应关系和条件，揭示其在句法语义方面的共性和个性。

四　汉韩语差比范畴研究中存在的问题及建议

汉语和韩语差比范畴的研究是一个常议常新的课题，无论是理论研究还是应用研究都取得了显著的成就，呈现出描写逐渐细致、解释逐渐深入、角度逐渐多样、视野逐渐开阔的研究趋势。不过，研究中也存在着一些问题。

首先，差比范畴的界定还没有达成共识。大多数学者都赞同界定汉韩语差比范畴应该兼顾语义和句法两方面，但是具体需要满足什么语义条件，需要具备哪种句法形式才可以进入差比范畴还没有定论，差比范畴的界限如何确定等问题缺乏明确而有说服力的标准，尚需进一步的研究。

其次，差比范畴本体研究着重点不均。汉语学界对差比范畴中比较点、语序、比较标记的研究还不够深入。差比范畴的本体研究中，对典型差比句式比字句的研究成果较多，比较项、比较结果的句法语义描写也较为充分，但是如何判断差比句中的比较点，比较点隐含的规则是什么等问题还值得进一步探讨。还有传统的句法语义研究中比较容易忽略的差比句的语序及比较标记等问题也需要多角度、跨语言的进一步探讨。韩语学界对差比句的研究本身就起步较晚，虽然对差比句的句法语义研究取得了一定的进展，但是总体来说还不够深入，描写还不够充分。

再次，差比范畴的对比研究视角单一，解释力弱。语言的对比研究可分为古今对比、普方对比、汉外对比等。古今对比即从历时的视角下考察差比句的演变过程，目前学界虽有黄晓惠（1992）、史佩信（1993、2006）、李讷、石毓智（1998）等学者的研究，但是总体来说研究成果还不是很丰富，对于"比"字的语法化问题还有进一步讨论的空间。汉语和其他语言差比范畴的对比研究目前还处于起步阶段，有些学位论文也进行了汉外对比的尝试，总体来说仍处于句法语义的描写阶段。

最后，类型学视野下的差比范畴研究有待深入。差比范畴中的比较标记、差比句的语序问题都是类型学家关注的重点。目前学界对跨语言的差比句的类型以及语序问题给予了一定的关注，但是关于比较标记的研究还不是很深入，特别是类型学视野下进行语言对比（汉英、汉韩、汉日等）的研究还很少见。

针对目前汉韩语差比范畴研究存在的一些问题，我们提出了以下几点个人意见。

首先，本体研究从以共时描写为主转向描写与解释，共时与历时并重。差比范畴中比字句的句法语义语用等层面的描写已经较为充分，但是对于差比范畴中的词汇性差比句、意会性差比句的关注还不够，今后的研究应更多地"查缺补漏"，并且可以从语言的经济性、象似性、认知因素和功能因素等方面展开解释工作。

其次，单纯语言内部的研究要向汉外对比的研究方向发展，并可以结合跨语言的类型学视角。差比句是类型学考察的重要参项之一，将汉语或其他外语的差比范畴放到人类语言大背景下寻求语言的共性和个性，能扩展研究的广度和深度。崔健（2010）采用对比的方法将汉韩语差比句放到人类语言大背景下进行考察，对今后类型学视野下的对比研究具有较大的借鉴和启发意义。

最后，从语料库语言学的视角，儿童语言习得的视角进行汉语差比句的研究虽然不多，但学界已经有了一定的涉猎。基于语料库的研究具有更高的可信度，儿童语言习得的视角下研究差比句可以更好地认识人脑对差比句的理解处理过程，这都是今后的研究发展趋势。

第三节 研究目的及意义

一 研究目的

本书主要考察汉韩语差比范畴的共性和个性。以汉韩语差比范畴为研究对象,对汉韩语差比句进行比较全面和深入的共时描写,并认知语言学的理论对两种语言差比句所表现出来的共性和个性进行解释。具体研究目标如下:

1. 对汉韩语中的差比范畴进行界定。首先考察差比关系具备的语义基础,然后考察差比语义关系的语法形式,即采用哪些句法形式来编码差比的语义关系。

2. 对汉韩语优比句和次比句的类型参项及其编码方式进行详细全面的描写,揭示两种语言是如何编码优比句和次比句的各个类型参项的,对比较项、比较结果展开详细讨论,考察它们分别由哪些成分来充当,找出两种语言的共性,以及分别存在哪些个性。

3. 考察汉韩语差比句中比较标记的性质与类型参项的语序类型等问题,并试图借用认知语言学的理论做出解释。

二 研究意义

1. 可以深化对汉韩语差比范畴及汉韩语语法特点的理解和把握。汉韩语差比范畴的对比研究,是汉韩语法研究中的一个薄弱环节,而且汉语学界和韩语学界对差比范畴的研究并不均衡。汉语差比句在语言类型学上存在着语序特殊性,因此受到汉语学界语法学家的重视,学者们对汉语差比句的各个层面进行了研究,取得了很多成果。但是反观韩语学界对差比句的研究,我们可以发现,韩语学界对差比句的研究不多,这个具有普遍性特征的句法语义结构还没有引起很多学者的重视,相关研究也主要集中在句法语义的研究以及对比较标记性质的界定上。一种语言的特征,必须要通过和其他语言的对比研究才能显现出来。而差比范畴是汉韩语中都存在的一个语义—句法范畴,在实际的语言环境中使用频率也很高。差比句的存在和发展不但与句子结构有关,还与实词的语法化,助词、副词的使用,语序等很多问题有关。因此认清汉韩语差比范畴的特点,有助于深化对汉韩语差比句的句法结构,虚词语法化,语序等特点的认识。

2. 为语言类型学研究提供一些语言事实。语言类型学从跨语言的角度观察研究人类语言,通过语言(包括亲属语言和非亲属语言)的比较,从纷繁复杂的语言现象的比较中,寻求或验证人类语言的共性,再以语言共性为背景更透彻地揭示具体单一语言的特点(邓凤民,2010)。本书重点考察汉韩语差比范畴的共性和个性,若将韩语差比句放入人类语言研究的大视野下,就能为跨语言的研究提供一些语言事实。

3. 服务于二语教学与翻译。汉语差比句在汉语语法系统中有重要地位,也是对外语法教学中的重点和难点。在二语教学的过程中,无论是学生还是教师,都会遇到各种各样与比较句有关的偏误。同样,中国学生在学习韩语差比句时,也会遇到语序,助词使用,否定语义表达,程度副词的使用等相关偏误。本书考察汉韩语差比范畴,重点研究两者的共性和个性,得出的结果可以服务于二语教学,在学生出现相关偏误时,可以分析相关原因并给予纠正。

第四节　研究方法

1. 汉韩语对比分析法。对比分析是解释语言间差异的一种简捷有效的方法之一。但是本书不再单纯局限于找出汉韩语差比句的相同点和不同点,在人类语言的大背景下,从一个更中立的角度出发,来考察汉韩语差比范畴中各个参项的编码方式,比较标记,差比范畴的否定形式等方面的共性和个性,并对这些共性和个性进行解释。

2. 描写与解释相结合的方法。解释语言现象是语言研究的最终目标。解释要在描写的基础上进行。把描写和解释结合起来,两者可以交替进行,相互促进(沈家煊,2015)。本书既注重对汉韩语差比句的类型参项,比较标记与语序类型,差比句的否定范畴进行多角度的详细描写,也注重运用语言类型学的象似性原则、经济性原则、语法化理论等现代语言学理论对汉韩语差比句的共性和个性进行科学的解释。

3. 宏观与微观相结合的方法。本书首先从宏观上对差比范畴的语义基础和编码方式进行了考察和界定，以期对汉韩语差比范畴有宏观的把握。在宏观考察的前提之下，从微观的角度对汉韩语差比句的类型参项展开详细的句法语义描写，总结共性和个性。力求做到宏观和微观相结合，宏观研究借鉴微观研究的成果，注重微观研究背后的宏观规律。

第五节 理论基础

对比语言学是语言学的一个分支，其任务是对两种及两种以上的语言进行共时的对比研究，描述语言之间的异同，特别是其中的不同之处，并将这类研究应用于其他相关领域（许余龙，2010：4）。对比语言学在应用上常常跟二语教学或翻译直接相关。汉韩语对比研究的重点是通过对汉韩语进行详尽的对比进而来寻求这两种语言在某些方面的共性和个性，其中以找差异点为主。我们知道一种语言的特点必须通过跟其他语言的比较才能看出来，但是仅针对汉韩语两种语言进行的对比研究有时会进入一叶障目的误区，出现把人类语言的普遍要素看成韩国语或汉语的特点的情况，而忽略了韩国语或汉语的真正个性，导致汉韩语对比研究不识庐山真面目，就事论事，流于表面，缺乏说服力。语言类型学为语言的对比研究提供了一个新的研究视角。沈家煊（2012）提出要增强对比论证的说服力，语言对比研究"要有类型学的视野，要把对比的语言放到人类语言的大背景上来考察。个别语言的特点和人类语言的共性是'一个铜板的两面'，共性寓于个性之中，个性是共性的具体表现"。金基石（2013）也曾指出，如果从语言类型学的视角出发进行汉韩语言的对比，不仅能够克服只见树木不见森林的狭隘视野，而且能够透过大量汉韩语言的差异性观察到其背后的共性动因，进而为语言共性研究做出自己的贡献。Comrie（1988，135）指出："详尽研究语言间差异的对比语言学和能够概括个别差异的语言类型学之间有可能实现富有成效的合作。"在人类语言共性规律的背景下进行语言的对比研究可以站在一个更高的角度审视两种语言的共性和个性，通过跨语言研究得出的共性来反观具体语言，可以更加深入地了解具体语言在哪些方面体现了人类语言的共性，又在哪些方面表现出了独有的个性，这样一来可以克服单纯地为了对比而对比的局限性。

一　范畴化理论

范畴是认知语言学中的基本概念，范畴化理论则是认知语言学重要的组成部分和理论之一。张敏（1998：50—56）指出从认知的角度看，范畴化（categorization）可以说是人类高级认知活动中最基本的一种，指的是人类在歧义的现实中看到相似性，并将可分辨的不同的事物处理为相同的，由此对世界万物进行分类，进而形成概念的过程和能力。

范畴化理论经历了传统的经典范畴理论（classical theory）、家族相似性范畴理论和认知语言学的原型范畴理论（prototoype theory）的发展过程。

认知语言学对范畴化理论的研究是基于对传统范畴化观念的深刻反思。经典范畴理论特指与认知语言学范畴化的原型理论不同的传统范畴化理论。经典范畴理论的传统观念始于亚里士多德对本质属性和非本质属性的形而上学的区分，后来的笛卡尔主义和康德主义又强化了其二元对立的思想，两极中的一极理性受到推崇，而与理性相对立的人的主观因素受到忽视和排斥。其内容为："认为概念的类来源于客观世界里既定的范畴，与进行范畴化的主体无关；而范畴的归属是由概念的本质属性决定的。"（张敏，1998：51）以亚里士多德为代表的经典范畴理论包含四个基本假设[①]：（1）范畴是由充分特征和必要特征合取定义的。一个事物要么符合充要条件属于这个范畴，要么不符合这个条件被排除在这个范畴之外。（2）特征是二元的（binary）。对于某一个特征，个体只有两种可能，具备或者不具备。因此范畴可采用二元划分法，即，某一个体要么属于该范畴，要么不属于该范畴。（3）范畴有着明确的边界。符合范畴定义特征的实体就是范畴成员，不符合的实体肯定就不是范畴的成员，即"范畴并无内部结构"。（4）范畴的所有成员地位相等。成员之间没有典型性差异，不存在某一成员比另一成员更为典型。Lakoff（1987）

[①]　吴为善：《认知语言学与汉语研究》，复旦大学出版社2011年版，第29页。

将经典的范畴化理论的实质概括为"容器"隐喻,即范畴像一个容器,具备定义性特征的个体就在里面,不具备的就在外边。这种范畴观对20世纪的语言学研究产生了深刻的影响,第二次世界大战后对于音位学、句法学和语义学的形式主义的研究更是建立在上述基本假设之上的(吴为善,2011:29)。结构主义语言学借鉴了这种经典范畴观来讨论词义,由此建立了语义特征理论。这一理论认为可以将一个词语的意义分析为一组区别性语义特征,这些特征是这一词语所指称的一个范畴内部的每一个成员必须遵守的语义特征,正是这些特征使这个范畴的指称对象和世界上的其他对象区别开来。经典范畴理论使人类借助范畴这一逻辑工具对客观世界有了一定的分类和认识。

随着人类科学和认知水平的提高,经典范畴理论受到了来自实用主义哲学和认知科学的挑战,经典范畴理论忽视了除它以外其他类型的范畴,它也不能很好地解释在自然语言中表现出来的概念范畴,不能全面地、正确地反映客观现实。

20世纪50年代,英国哲学家Wittgensten对经典范畴理论提出挑战,以Wittgenstein为首的实用主义哲学家发现高度理想化、抽象化的认识方法不能反映客观现实的复杂性,现实世界中某些范畴之间的界限并不清楚,范畴成员的归属问题不能仅靠一组区别性特征简单判断,他提出了著名的家族相似性理论(family resemblance)。他指出范畴内各个成员之间未必具有共同特征(attributes),即各个成员之间具有的不是共性,而是相似性。例如在GAME范畴中,有的游戏仅仅为了娱乐,有的游戏具有竞争性,有的游戏需要技巧,还有的游戏则要看运气。虽然没有一个或几个特征是所有游戏都共有的,但是许许多多的"游戏"成员背后是一个复杂的各种相似点重叠交织的网络系统。"范畴化"是指人们划分范畴的过程和方式,体验哲学和认知语言学将其描写为"人们基于互动体验,对外界事物(事物、事件、现象等)的属性进行适度概括和类属划分的心智过程或理性活动"。(参见王寅,2011:31)在范畴化的过程中,依据的是成员之间的家族相似性而非同样的本质属性或一套限定性的充分必要条件。认知范畴和语言范畴并不能用必要条件和充分条件来定义,而是在不同范畴构成的连续统上具有许多交叉特征(intersections)。社会语言学家 Labov（1973：354）指出范畴划分具有一定的模糊性和开放性。Wittgensten 提出的家族相似性理论对范畴化理论有重大贡献，他揭示了语义范畴具有典型成员和非典型成员的内部结构。范畴成员为什么会有典型和非典型之分呢？Taylor（1989）认为主要有以下几个原因：（1）典型的实体比较常见，因而也最早被习得。（2）典型实体具有较多的该类事物的共有属性，因此在辨认时具有较高的显著度。（3）典型实体是保持范畴稳定性的决定性因素，又有范畴化效益，即可以成为范畴化的样本。至于各类成员是否可以形成一个原型范畴则与认知心理上的完型特征有关。（杨晓军，2008：40）

Rosch 首先提出了"原型"（prototype）这个术语，表示范畴内的典型成员，并创立了原型范畴（prototype category）理论，这是对经典理论范畴的一次革命。原型范畴理论认为，范畴连贯性是通过家族相似性建立起来的，家族相似性可将范畴中所有成员联系起来。范畴内的各成员的地位是不平等的，有典型成员和非典型成员之分。典型成员最具原型性，典型与非典型形成一个非离散型的连续统。这些成员只有家族相似性，特征不是二分的，范畴内的成员之间具有等级性，成员地位不相等，范畴的边界是模糊的。

原型范畴化理论的一个应用是能够为语言现象的分类提供一个有效的划分标准，并可以为类与类之间及每一类别内各成员之间的关系提供理据。范畴化最直接的对象落在了语义范畴上。认知语言学认为，合理的范畴化理论能为语言形式负载意义的形成与理解提供合适的解释，而语义的范畴化过程不仅与人类的生理构造及一般认知能力有关，更与说话人对所处的客观世界（包括自然世界、社会环境）的知识和信仰密切相关。这就为我们对汉韩语中差比范畴进行分类提供了理论依据。原型范畴理论广泛运用于汉语语法研究中，并取得了可观的研究成果。我们认为从语义出发的范畴化能为汉韩语对比研究提供一个较为可行的比较框架。

二　象似性原则

认知语言学认为，语言形式和意义之间的联系不是绝对任意的，语言具有理据性和象似性的重要特征（李福印，2008：41）。象似性（iconicity）这一术语来源于符号学中的象似符（icon）概念，最早是由符号学奠基人皮尔斯（Charles Sanders Peirce）提出。他将符号分为与所指的意义在形式上相似的象似符（icon）与所指意义在因果关系等方面相联系的引得符（index）和约定俗称的象征符（symbol）三类（Peirce, Weiss & Harshorne 1932，转引自李福印 2008：44）。这三类中的象似符理念在语言系统中广泛应用，成为语言理据性的典型表现。语言象似性指感知到的现实形式与语言成分及结构之间的相似关系，也就是说，语言的形式和内容（语言符号及其结构序列的能指和所指）之间的联系有着非任意的、有理据的、可论证的属性。这种理据可能来自社会、文化、经验及外族语言各个层面，认知语言学感兴趣的是语言结构与经验认知之间的"临摹性"，这就是象似性的表现。人类语言的句法结构与人们的体验方式、经验结构、概念框架、语义系统之间具有对应关系，是有其理据的动因的，而不是任意的（Lakoff，1987；转引自席建国，2013：36）。象似性原则的提出是对传统语言学语言形式与意义之间的任意性，无理据性的一个挑战。随着认知语言学的发展，学界对语言象似性的理解和认识越来越深刻。

象似性原则的使用范畴很广，是一条具有抽象意义的总原则，也可以分解为许多小的原则。这些小的原则有"距离象似性""数量象似性""顺序象似性""时间象似性"等，象似性原则具有很强的解释力，适用范围很广。

在下文中我们将要提及的联系项原则也体现了语言结构的象似性原则。王中祥（2018）中指出联系项在句法结构上位于两个被联系成分的中间位置，是对客观世界中两个事物在彼此连接时的一种映射。连接两个事物所使用的黏合剂，其理想的位置是位于两个事物的中间；用联系项把两个语言成分进行连接的时候，其必然是优先选择两个语言成分中的中间位置，这就体现了句法结构与客观世界之间的一种象似性关系。[①]

[①] 关于联系项的论述参考了王中祥《类型学视野下汉英状语性从属连词研究》，博士学位论文，上海外国语大学，2018年。

介词、连词、格标记等都属于联系项成员，联系项就好比是"黏合剂"，只有在两个语言成分中间位置才能起到连接作用。本书中将要讨论的汉韩语差比句的比较标记"比""보다（比）"都是属于联系项，它们是否遵循联系项原则我们将会在后文展开详细讨论。

第六节　语料来源

本书使用的汉语语料库有以下三个：北京语言大学汉语语料库（BCC）；CCL 语料库检索系统；国家语委现代汉语语料库。汉语小说及散文：王朔，《我是你爸爸》，北京十月文艺出版社 2015 年版；王朔，《看上去很美》，北京十月文艺出版社 2015 年版；林清玄，《从容的底气》，北京联合出版社 2016 年版；余秋雨，《文化苦旅》，武汉长江文艺出版社 2014 年版；柴静，《看见》，广西师范大学出版社 2013 年版。

本书使用的韩语语料库有以下两个：21 世纪世宗计划语料库；高丽大学民族文化研究院现代韩语用例语料库。还有一些例句引自部分文学作品。

部分例句转引自前人的相关研究。

第二章

差比范畴的界定及编码手段

第一节 差比关系的界定

原型范畴理论认为,有时很难用一组充分必要的特征或条件来对范畴进行定义,范畴内的成员是一个连续统,相互之间是依靠家族相似性联系起来的,内部成员的属性并不完全相同,各成员之间的地位也并不相等,典型成员与边缘成员之间存在着相似度和隶属度的差别;范畴的边界是模糊的,具有不确定性和开放性的特点。原型范畴理论看来,范畴内部成员相似度越大的,在同一范畴中就越占据中心位置,成为这一范畴的典型成员;范畴内部相似度越小的,典型性就越差,即成为这一类的非典型成员。原型范畴是本书的主要理论背景之一,下文中关于差比范畴的界定都以此为理论基础。我们在下文总结出的关于差比范畴的语义基础都是在范畴中占据中心位置的典型成员所具有的共同的语义特征。

差比是人类认知活动中的一个基本概念,在人类语言中具有普遍性。无论是汉语学界还是韩语学界,语言学家都对差比关系给予了很高的关注并试图从语义和句法角度对差比关系及差比句做一个界定。考察先行研究我们发现,学界对于差比关系及差比句的界定还没有达成共识,界定汉韩语差比范畴具体需要满足什么语义条件,需要具备何种句法形式才可以进入差比范畴的问题还没有定论。差比范畴与其他邻近范畴的界限如何划分等问题仍然缺乏明确而有说服力的标准,尚需进一步的研究。在这一部分,我们主要从传统语法的角度和语言类型学的角度两方面简要回顾汉韩语学界的语言学家对差比范畴的界定所持的几种代表性的看法。

一 传统语法的定义

(一) 汉语学界对差比关系的界定

汉语学界对差比范畴的研究始于《马氏文通》,马建忠根据语义关系把比较关系分为平比关系、差比关系和极比关系。《马氏文通》(1983:135—140)"实字卷之三论比三之八":"凡色相之丽于体也,至不齐也,同一静字,以所肖者浅深不能一律,而律其不一,所谓比也。象静为比有三:曰平比,曰差比,曰极比。"马建忠在书中首次提到了"差比",他对"差比"的解释为:"差比者,两端相较有差也。差之之字,概为'於'字,'于''乎'两字亦兼用焉。其所以为较者,则象静字表之。例如:'季氏富于周公。'季氏''周公',相较之两端也。其所以为较者,'富'也。'富',象静字也,差其所较者,'於'字也。"马建忠对"差比"的讨论还是仅限于古代汉语。从他对"差比"关系的解释中也可看出,他既说明了"差比"关系的语义特征,也指出了构成"差比"关系的句法成分。即差比句的语义是两个事物比较之后发现差别。"差比"关系的构成要素有三:"所比之端(两个比较项)""所以比之象(静字)""比较词(等之、差之、极之之字)"。有比较标记"於"字,"于"和"乎"可以兼用作比较标记,比较结果是由形容词充当的,还有两个比较对象,它们分别位于句子的两端。许国萍(2005:4)中指出,《马式文通》中将"论比"放在实字卷,说明他的出发点是比较句中的"静字",即形容词,而不是起标记作用的比较词。

吕叔湘在《中国文法要略》(2014:491) 中指出:"两件事情,要是完全相异,那就或是无关系可言,如'今天热'和'你姓张',或是构成别种关系,如'今天热,不去了(因果)',你姓张,又是济南人(加合),但不构成比较关系。必须有相同的部分,又有相异的部分,才能同中见异,或异中见同,才能有比较关系。"吕叔湘首次提出构成比较语义的首要条件是"同中见异或异中见同"。《中国文法要略》(2014:503—505) 中还讨论了"胜过"关系的表达方式,指出:"表示胜过,白话里有两个方式。第一种方式是分作两小句说，下者在先，高者在后，后者的形容词前加'更'字，如'我只说我慢了，谁知你更慢。'第二种方式是用'比'字连接相比的两件东西，高者在先，下者在后，底下的形容词或在其前加'还'或'更'，或在其后'些'（点），或前后都加，或前后都不加。如'这儿比你那儿清净点儿。'"吕叔湘在《中国文法要略》中首次指出了构成比较关系的语义条件，并且指出了白话文里两种表达"胜过"语义的句法形式。他所提出的"同中见异或异中见同"的比较语义的首要条件对后来比较句语义的研究影响深远。

丁声树（1961：103）首先区分了比较和比拟语义，指出："比"字说的是程度差别，而不是异同或近似。他将"比"字的用法分为两组，一是同类事物的比较，例如，"（覆盆子）色味都比桑葚要好得远"。二是程度的差别随时间而变，例如，"从他走路的脚步上，可以看出比那一天也有劲"。我们认为区分"比较"语义和"比拟"语义对我们厘清比较范畴和其他邻近范畴的界限起到了很重要的参考作用。

赵金铭（2001）第一次利用认知语言学的理论建立起汉语的比较范畴。他将比较范畴的下位分为"近似、等同、胜过、不及"四个次范畴，每个次范畴都具有各自语言形式与之对应。这些语言形式之间有某种相似性，可以将它们分别看成四个"家族"，每个次范畴都可以选择一个典型句式为样本，并且以典型句式为首，每个"家族"的成员可以依次排为：典型句式—常用句式—次常用句式—文言遗存句式，它们存在着明显的相似性。首先我们将赵金铭（2001）中列出的"比较"范畴的句式整理为表2－1。

表2－1　　　　　　　"比较"范畴句式（赵金铭2001：4）

	近似	等同	胜过	不及
典型句式	……像…… ……好像…… ……像……这么 ……像……似的 ……似的	……跟……一样 ……跟……那么…… ……跟……一般 ……跟……相同	……比…… ……比…… 还/更 ……比……一点儿/一些	……不如……

续表

	近似	等同	胜过	不及
常用句式	……跟……相近似 ……跟……差不多 ……跟……不相上下	……有……那么…… ……等于…… ……相当于……	……比……形+动+数量补语 ……比……动+得+程度补语 ……比……助动词+动词	……没有那么…… ……不及……
次常用句式	……好似…… ……如同……	……不比…… ……比得上…… ……赶得上……	……比……还（名）	……比不上…… ……赶不上……
文言遗存句式	……近似于…… ……犹如……	……无异于…… ……不下于…… ……不亚于……	……高/重/大/强于…… ……高/胜/长/强于……	……次于……

赵金铭（2001）对比较范畴的句式讨论中划分得比较具体，尤其是与差比范畴有关的胜过次范畴和不及次范畴中典型句式、常用句式和次常用句式的列举较为全面，对我们后来的研究提供了很好的借鉴。

刘焱（2004：37）指出"比较"是一个"语义—句法"相结合的范畴。她提出"比较"首先是语义的，只有符合比较的所有语义特征才属于比较范畴，这是判断比较范畴的首要条件。只有这样，才可以把不属于比较范畴的邻近范畴剔除出去，但语义不能完全脱离句法形式而独立存在。因此，在判断一种句式是否属于比较范畴时，除了看这个句子是否具有"比较"的语义特点外，还要看它是否具备了比较句式的形式特征，如是否使用了一些特殊虚词标记，或者是否使用了一些固定句式等。[①] 她指出差比的语义特征是比较前项和比较后项在程度量值上存在着一定的差距。差比主要包括三类：不及、高出、极端，并分别列出了表示这三类语义的句式。以下将刘焱（2004）中提到的差比范畴的语义—

---

① 引自刘焱《现代汉语比较范畴的语义认知基础》，学林出版社2004年版，第37页。

句法系统整理为表2-2。

表2-2   差比范畴的语义—句法系统（刘焱 2004：42—48）

不及	"没有"句	俺村里哪个人也没有俺这么命好。
	"不如"句	他不如妹妹聪明。
	"不像"句	神情也不像往日鲜活。
	"比较"句	绝大多数是好的和比较好的，坏人只是少数。
高出	"比$_1$"字句	他行医的年份比德兰长两年，经验也丰富一些。
	"更"字句	以您年龄、这职业，恐怕喜欢听戏的人不多，懂戏的人更不多……
	"越来越"句	现在的人，心眼儿真是越来越大了。
	"很"字句	跟很多人比，我已经很知足了。
极端	"最"字句	全世界最好的饭菜在中国，中国最好的西餐在香港。
	"连"字句	那第二个（老婆）也够坏的，连我那老头那么老实的人都骂她太混账了。
	"比$_2$"字句	为人民利益而死比泰山还重，为一个女人而死比鸿毛还轻。

许国萍（2005）假设比较范畴是个连续的、边界模糊的原型范畴，因此他运用原型范畴理论找出了汉语中比较结构核心成员的属性，他认为原型的比较结构所具有的属性主要有：

（1）至少有两个参考者，一个是比较主体（subject），一个是比较基准（standard）。

（2）参与者属于同一范畴，且一般为基本范畴的事物。

（3）参与者有明确的指称。

（4）参与者的所指不同。

（5）参与者具有共同的属性，这个属性通常可以明确出现。

（6）参与者之间的比较关系明确，而非隐含的、推理的。

（7）比较结果清晰。

（8）比较结果是从和比较基准的比较中得出的，不是独立存在的。

许国萍（2005）建立的比较范畴既考虑了意义也结合了形式标准。他指出，从建立范畴的角度来说，范畴的核心成员容易确定，数量比较少,而不同程度的边缘成员却是错综复杂的。因此他所建立起的比较范畴只是包括核心成员的范畴,他认为专门表达比较语义并且形式特征完备的结构是范畴的核心成员,符合原型范畴理论中原型的特点,严格按照句法语义标准而建立。表2-3是许国萍(2005)中所建立的比较句法范畴的核心成员范围,他列出的比较范畴是严格按照句法语义标准建立起来的,每个比较结构都具备比较主体、比较标准、比较标记和比较结果四个必备的句法成分。考虑到本书的研究对象,我们只对其中的差比范畴的核心成员进行考察。

表2-3   差比范畴的核心成员(许国萍2005:37—38)

差比语义次范畴	句法结构
极比	X 最 R
胜过	X 比 Y R
不及	X 不像 Y 那么 R X 不比 Y R X 没有 Y(那么)R X 不如 Y(那么)R

刘焱(2004)和许国萍(2005)中对差比范畴的语义讨论中都将差比语义分为三个次级语义范畴。虽然两位学者在使用的表述词语上略有不同,整体来说这三个次级语义范畴分别是"极比""胜过"和"不及"。刘焱(2004)列举的每个语义次类的句式较为全面,而许国萍(2005)列举了"极比"和"胜过"这两个次语义范畴的句法结构中最具代表性的"最"字句和"比"字句。赵金铭(2001)在讨论比较范畴的次级语义范畴时,没有涉及"极比"次范畴,在讨论"近似""等同""胜过""不及"四类次范畴时,较为全面地总结了各自的句法结构。

(二)韩语学界对差比关系的界定

在韩语学界,虽然对比较句式和差比句式的研究起步较晚,但是对于比较句式的定义以及比较句式的下位分类等问题学者们也都有涉及。

关于比较关系的界定很多学者都有所涉及①，在这里我们主要考察几位代表性学者이승명（李承明）（1992）、하길종（夏吉宗）（1999）和오경숙（吴京淑）（2010）的研究。

이승명（李承明）（1992）较早讨论了韩语中比较句的定义，他对比较句下的定义如下：

> 두 개의 사상을 서로 견주어 볼 때 양자 사이에는 전혀 차이가 없거나 대소, 장단, 우열, 심천, 원근, 미추……등의 정도의 차이를 발견할 수 있다. 이 때, 발견된 정도의 차이를 표현하는 문법형식을 비교 형식이라 하고 이 비교 형식으로 이루어진 통사 구조를 비교 구문이라 한다. (이승명1992：99)
>
> （两个事物相互比较时，两者之间要么完全没有差异，要么就可以发现在大小、长短、优劣、深浅、远近、美丑……方面存在着程度差异，将这些程度差异用语法形式表达出来就是比较形式，这些比较形式所形成的句法结构就是比较句。）（李承明，1992：99）

根据以上所下的定义，他对韩语中的比较关系进行了下位分类，整理如表2－4。

---

① 关于学者们对比较关系的定义，整理如下：
(1) 두 사람이나 두 사물 (또는 두 인간 집단이나 사물군) 이 어떤 성질을 거진 것으로서 대비되거나 대조되는 경우. (홍윤표 1976：202－203)
两个人或两个事物（或两个团队或事物群）对具备的某种性质展开对比或对照的情况。（洪允构，1976：202－203）
(2) 본질적으로 어떤 사람 또는 사물의 잘 알려지지 아니한 막연한 사실에 대하여, 들을이에게도 비교적 익숙하게 구체적으로 알고 있는 사항을 비교하여 그 유사성이나 차이성을 표현하는 것. (김봉모 1990：34－35)
本质上，对某些人或事物并不为人所知的模糊事实，对所听到的相对熟悉的具体事项进行比较，表现其相似性或差异性。（金奉模 1990：34－35）
(3) 한 문장의 서술 내용을 어떤 기준과 관련시키는 일. (김정대 1993：18)
将句子的叙述内容与某种基准连关联。（金正大，1993：18）
(4) 하나의 개체를 다른 개체 (혹은 개체들) 와 연결시켜 인식하는 행위. (김정아 1998：17)
将一个个体与另一个个体产生关联并认知的行为。（金贞我，1998：17）

表2-4　　　　　　比较关系的下位分类（이승명 1992：3）

同等比较（동등비교）	A，B 두 사상의 견줌에서 차이를 발견할 수 없는 A = B 인 경우이다（A、B 两个事物在进行比较的过程中没有发现差异即 A = B 的情况）
差等比较（차등비교）	优势比较（우세비교） A，B 두 사상의 견줌에서 A 가 B 보다도 우세한 A > B 의 경우（A、B 两个事物在进行比较的过程中 A 相对于 B 处于优势即 A > B 的情况） 劣势比较（열세비교） A，B 두 사상의 견줌에서 A 보다 B 가 우세한 A < B 의 경우（A、B 两个事物在进行比较的过程中相对于 A，B 处于优势即 A < B 的情况）

　　이승명（李承明）（1992）对比较关系的下位分类是纯语义的分类，没有涉及句法结构的研究。他首先将比较关系分为"同等比较"和"差等比较"，然后将"差等比较"的下位语义分为"优势比较"和"劣势比较"。接下来将要提到的하길종（夏吉宗）（1990）关于差比范畴的下位语义分类中同样也分为"优势比较"和"劣势比较"，我们在下面一并叙述。

　　하길종（夏吉宗）（1999）对比较及比较句的概念以及比较句的类型做了一个比较详细的界定和说明。他对比较关系定义如下：

　　　　비교란 견주는 두 대상들 사이에서 상태, 성질, 모양 등과 관련된 정보를 획득하여 인지한 다음, 인지된 정보에 의해서 두 비교대상의 관계와 특성을 밝히는 것으로, 대체로 비교의 판단은 같음과 다름의 1차적인 판단으로 동등과 차등으로 상위구분되고, 또 동등과 차등의 정도성 유무에 따라 하위 구분이 되는 2차적인 판단을 한다.
　　　　（在获得并认知到比较事物的状态、性质、形状等相关信息之后，根据这些信息来阐明两个比较对象之间的关系和特性。比较关系的判定一般分两步，首先将两个对象进行对比，判断两者是相同关系还是相异关系,然后再根据同等或差等关系程度性的有无进行第二阶段的判断。)

하길종(夏吉宗)(1999)指出前人学者们对比较句类型的划分主要是从句法角度入手进行划分的。他对差比句类型的下位分类整理如表2-5。

表2-5 差比句类型的下位分类 (夏吉宗하길종1999:28)

单纯差等比较 단순차등비교	NP1 은 NP2 와 다르다. NP1 와 NP2 는 다르다.		
程度差等比较 정도차등비교	优劣比较 우열비교	优势比较우세비교	NP1 은 NP2 보다 (비해서) 크다. NP1 보다 (비해서) NP2 는 크다.
		劣势比较열세비교	NP1 은 NP2 보다 (비해서) 작다. NP1 보다 (비해서) NP2 는 작다. NP1 은 NP2 보다 덜/못
	最高级 최상급	绝对最高절대최상 相对最高상대최상	

하길종(夏吉宗)(1999)首先将差比分为单纯差比和程度差比两类,在程度差比中,他又分了优劣比较和最高级比较。这里他所提到的"优劣比较"和前文中이승명(李承明)(1992)所提到的"优劣比较"一致,都是从语义的角度出发,主要是看句中的谓语形容词是表示优势语义还是表示劣势语义。하길종(夏吉宗)(1999)列出的优劣比较的句法结构也主要是"보다(比)"句式。

오경숙(吴京淑)(2010)对比较关系所下的定义如下:

비교란 어떠한 대상을 다른 대상과의 관련성 속에서 파악하는 인식적, 인지적 행위이다. 비교 구문은 비교 대상과 비교 결과가 문장에

언어적으로 실현되되, 비교 결과가 문법 형식에 의하여 표시되는 문장들이라고 할 수 있는 것이다.

（所谓比较，是指把握某个对象和其他对象之间关联性的认知、认识行为。比较句是比较对象和比较结果在句子中可以通过语言实现，但比较结果要根据语法形式标示出来的句子。）

他指出，单纯将表示比较语义的句子看作比较句，而不考虑句法形式的话，更容易扩大比较范畴的范围。因此他认为定义比较句，不仅要考虑语义基准，还要考虑句法形式。

关于比较句的分类，오경숙（吴京淑）（2010）首先探讨了"比较结果中心分类（비교 결과 중심 분류）"法[1]存在的问题，提出"比较对象中心分类（비교 대상 주심 분류）"法更加符合韩语比较句的语言事实。他所提出的"比较对象中心分类"法表格整理如下。

表 2-6　　比较对象中心分类法（吴京淑 오경숙 2010：88）

比较句			
程度比较句		事件. 状态比较句	
同等比较句	差等比较句	同等比较句	差等比较句
"만큼（相似）"比较句 "만（只）"比较句	"보다（比）"比较句	"처럼（好像）"比较句	不存在

二　语言类型学对差比关系的界定

语言类型学研究给予比较结构相当的重视，语言类型学的做法也是从语义标准出发的，寻找表达相同意义的语法形式，进而建立一个语法范畴。但 Greenberg（1963）和 Dryer（1992）都主要关注的是比较结构的语序和动词、宾语语序之间的相关性，而不是比较结构的语义或具体

---

[1]　오경숙（吴京淑）（2010）中将以比较结果为基准对比较句进行分类的方法称为"比较结果中心分类"。按照这种方法对比较句进行的分类中，同等比较句包括"만큼（相似）"比较句和"처럼（好像）"比较句，差等比较句主要是"보다（比）"比较句。

形式,因此并没有给比较结构下具体的定义。Greenberg(1963)主要关注三个相关参项:比较标记、比较基准、比较结果。Dryer(1992)只考虑两个语序类型参项:比较结果和比较基准。Leon Stassen(1985)给比较句下的定义①如下:

> A construction in a natural language counts as a comparative construction (and will therefore be taken into account in the typology) if that construction has the semantic function of assigning a graded (i. e. non–identical) position on a predicative scale to two (possibly complex) objects.
>
> [在自然语言中,如果一个结构可以在某个谓词量级上赋予两个(可能是复杂的)物体分级的(即不同的)位置,具有这种语义功能的结构就是比较结构(因而也是类型学要考虑的)]。

李蓝(2003)在 Leon Stassen(1985)的基础上提出对比较句的定义:"比较句,就是表示比较关系,且由相关的比较参项构成一定格式的句子。"所谓差比句:"就是两个(或多个)比较对象在程度、数量或性状等方面有差别的句子。"并且进一步指出,比较标记必须已经虚化(即其语法化过程已基本完成),不能是句中有独立句法地位的谓语动词。从李蓝(2003)的定义中可以看出,他对差比句的界定很严格,基本只限定于"比"字句。但我们认为如果从差比的语义范畴出发的话,就不能只局限于句法性差比句,比较标记没有完全虚化的词汇性差比句也应该纳入考察的范围之内。

刘丹青(2003)主要讨论差比句,虽然没有给出具体定义,但是对差比句进行了全面的分类。他认为在含比较标记的句法性差比句之外,还有不用比较标记的差比句,甚至有些语言中就根本没有语法化的专用差比句,如马来语和非洲、大洋洲的一些语言。刘丹青(2003)区分出意会差比句,指"比较的意义需要说话人通过字面意义用语用推理获得"的句子,"是最不语法化的比较句式"。词汇性差比句,指差比意义通过实词的语义而非虚词或形态来表示。汉语中的"比起……来"也属于这

---

① 以下英语原文转引自李蓝(2003:215—216)英文翻译参考邓凤民(2010:37—38)。

种。纯语序性差比句,指纯粹依靠语序手段的差比句,如:"他高我一头。"刘丹青认为意会式差比句、词汇性差比句都不是类型学调查的对象。

国内对差比范畴的研究无论是从认知语言学的视角还是语言类型学的视角都兼顾了语义和句法相结合的界定标准,学界在这一点上已经基本达成共识。他们的总体思路大同小异,基本都是先从语义概念入手划定类别,再将相应的句法形式按语义归类。但是具体满足何种语义关系以及具备何种句法形式才能被纳入差比范畴,差比范畴的意义标准和形式标准应该如何取舍和均衡这一问题仍然缺乏明确而统一的标准。

第二节 差比范畴的语义基础[①]

差比范畴是一个语义范畴,这是毋庸置疑的。对汉韩语差比范畴展开对比研究,若从差比关系的语义范畴出发,就可以摆脱句法形式的限制,增强语言之间的可比性。既然差比范畴是用语义关系来界定的,那么汉韩语差比范畴都应具有相同的语义基础,只有这样,两种语言中的差比范畴才具有可比性。对汉韩语差比范畴进行对比研究,首先要对差比范畴的主要语义特征进行界定。根据原型范畴理论的观点,语言研究中的每一个范畴都是以成员之间的家族相似性为基础而建立起来的,范畴中的成员具有典型和非典型的区别。在范畴中可以以多数成员都具有的普遍特征来界定典型成员,当一个成员所具备的普遍特征数量逐渐减少时,其在范畴中的典型性就会逐渐减弱,成为非典型成员。当非典型成员边缘化现象逐渐加剧,就会与邻近范畴的非典型成员之间出现交叉现象,因此两个相邻范畴之间存在过渡性质的模糊地带,范畴的边界不明确。即便如此,每个范畴的典型成员共同具有普遍语义特征是恒定的,两个相邻范畴的典型成员之间还是泾渭分明的。

[①] 此节内容曾以论文形式发表在《韩中人文学研究》2018年9月第60辑,此部分又做了补充。

差比范畴作为一个典型的语义范畴，"差比"的内涵和外延问题仍然众说纷纭，这就导致对于差比范畴的界定不明确。在很多研究中，"差比"一般作为一个自明的概念而被默认为是与量级有关的意义类别和句法结构①。关于差比范畴的界定，前辈学者都认同只有同时满足差比范畴的语义基础和句法结构的句子才能被纳入差比范畴。那么，差比范畴的根本性语义特征是什么？差比范畴和邻近范畴的语义区别是什么？这是我们在展开语言对比之前首先需要明确和界定的。根据前辈时贤关于差比范畴的研究结果，我们认为典型差比范畴内的成员应该满足以下四个语义特征。

一 比较项可比性

要想进行比较，首先要有一个大前提，就是两个事物必须具备可比性。严丽明（2017：75）提出了"比较点的异体同质性"，即进行比较的只能是两个或两个以上不同事物的同一方面，不同的事物的不同方面或同一事物的不同方面都无法构成比较。例如：

（1）他的个子比我（的个子）高。

（2）＊他的个子比我的体重大。

（3）＊他的个子比体重大。

（4）他比我高。

以上例句中，只有例（1）和例（4）符合人类的认知，例（2）和例（3）虽然在句法上不存在任何问题，但是不符合人类的认知，语义上不成立。例（1）中"他"和"我"是两个不同的个体，属于"不同的事物"，进行比较的是两者共有的同一方面，即"个子"。比较点"个子"是两者共有的，"他"和"我"是共同拥有"个子"这个属性的不同事物，即满足了构成比较的条件。而例（2）中"他的个子"和"我的体重"属于不同事物的不同方面，无法构成比较语义，例（3）中"他的个子"和"他的体重"属于同一事物内的但具有不同属性的不同方面，同样也不能构成比较。

---

① 严丽明：《汉语对比范畴研究》，台北世界图书出版公司2017年版，第73页。

比较点是比较的内容，比较的出发点，是构成比较句不可缺少的一个成分。例（1）中的比较点"个子"是出现的，比较点可以同时出现在两个比较项中。出于语用的经济原则的制约，比较点常常只出现一次。有时可以出现在比较主体的后面，有时可以出现在比较客体的后面，例（1）中的比较点"个子"就是出现在了比较主体的后面，比较客体后隐含比较点。例（4）中比较点完全被隐含了，既没有出现在比较主体后，也没有出现在比较客体后，但是我们却可以根据谓语形容词"高"很容易地将比较点找回。"高"属于性质形容词，性质形容词一般都是专门修饰属性名词，即该性质形容词一般只表示某一种属性，而该属性也只能由该性质形容词来表示。如"高"这个性质形容词就是用来表示"高度"这个属性的，涉及人的话就是人的"个子"。这些形容词与其修饰的属性名词之间具有语义扩散性激活（spreading activation）功能，即该类形容词可以引起人们对其所依附的属性名词的语义联想，该属性名词也可以引起人们对其所领属的性质形容词的语义联想①。

二 同类比较

在汉语中，比较句的典型句式是"X 比 Y 还 W"，殷志平（1995）曾指出"X 比 Y 还 W"存在两种意义，一种是比较义，一种是比况义。他指出根据通常所理解的"比"字句的语法意义和"还"字表示的意义，这一典型句式表示 Y 已经具有 W 所表示的性状、程度，但 X 比 Y 更胜一筹。他举出了如下的例子：

（5）梦红比梦白想得还周到。

（6）冬天，屋里又湿又潮，比外头还冷。

但是进一步考察语言实际，就会发现"X 比 Y 还 W"不仅只表示上述比较语义，如：

（7）这些讨债的人比黄世仁还凶。

（8）他骨瘦如柴，胳膊比火柴棍还细。

---

① 刘焱：《现代汉语比较范畴的语义认知基础》，学林出版社 2004 年版，第 111 页。

殷志平（1995）指出上述两例并不是比较两项事物的性状、程度，而是把 Y 所表示的事物作为衡量的标准来比况说明 X 的性状、程度。他认为例（7）是用人们所共知的黄世仁的凶恶来衬托描绘讨债人的凶恶；例（8）是用火柴棍之细来说明胳膊之细。他将例（5）、（6）类的"比"字句称为比较类"比"字句，例（7）、（8）类的"比"字句叫作比况类"比"字句。同一个句法结构为何具有两种不同的语义呢？殷文对其中的两点原因进行了分析。第一点是因为比较类"比"字句和比拟类"比"字句中对 Y 的性质的预设是不一样的。"比较类'比'字句预设 Y 具有 W 所表示的性状、程度，且 Y 处于 W 所表示的性状、程度的两极之间的某一个位置；比况类'比'字句预设在的特定的语境中，Y 具有最高的性状、程度，Y 处于 W 所表示的性状、程度的极端位置，通常 Y 超过 X。"（殷志平，1995：105）第二点原因是从 X 与 Y 的比较关系来讲，由于预设不同，就会导致比较类"比"字句的比较项有可比性，比较是现实的；而比况类"比"字句的比较是不现实的，突破逻辑常规，带有夸张色彩①。

在韩语中，也同样存在这种情况，比较义与比况义采用相同的编码形式来表达，即在韩语中，"보다（比）"句不仅可以表达比较义，还可以表达比况义。以下通过例句具体说明：

（9）a. 영이의 손은 철수보다 더 차다.（a. 瑛伊的手比哲洙的还凉。）

b. 영이의 손은 얼음보다 더 차다.（b. 瑛伊的手比冰块还凉。）

韩语例句（9a、qb）中使用比较标记"보다（比）"看似都是表达差比语义，但是分析例（9b）的语义可以看出，这个句子并不是将"영이의 손（瑛伊的手）"和"얼음（冰块）"的温度进行比较，这是因为人手温度再凉也不可能比冰块的温度还低，两者实际是不具有现实可比性的，

---

① 关于比况类"比"字句带有夸张色彩，殷文中通过例句给予了说明。说话人说"我们的大蜻蜓飞得比飞机还高"，就不是现实地比较大蜻蜓（风筝）与飞机飞得谁高谁低，而是用夸张的手法说明飞机飞得很高。还有的比况类"比"字句，X 与 Y 之间不存在可比性，说话人用"X 比 Y 还 W"句式，是一种比喻手法，表明说话人褒贬的感情色彩。例如人之恶毒与毒蛇之毒在一般意义上也不能比较，如果说成"他比眼镜蛇还毒"就是一种比喻说法。参见殷志平（1995：106）。

而之所以将两者放到一起进行比较，只是为了表达"영이（瑛伊）的手很凉"的比况义。

关于韩语中差比句表达比较义和比况义的研究论述，김정대（金正大）（1991）和김정아（金贞我）（1998）都所涉及。首先，김정대（金正大）（1991）中提到，在比较句中，比较基准中的名词短语如果是明确具体的对象的话，那么整个句子表达比较义；如果不是明确具体的对象的话，句子表达比喻义，如果具体的对象具有被人们广泛熟知的属性的话，句子也可以表达比喻义。请看下面例句。

（10）현이가 베컴보다 더 잘생겼다．（贤比贝克汉姆还帅）

例（10）是金正大（김정대，1991）中所举的例子，他指出这个句子存在歧义，既可以被解读为表比较义的句子也可以被解读为表比况义的句子。首先"베컴（贝克汉姆）"是个明确的实际存在的人，因此可以将句子理解为就"현이（贤）"和"베컴（贝克汉姆）"的长相进行比较。还有一种理解是"베컴（贝克汉姆）"是一个人尽皆知的帅气明星，句子看似是将"현이（贤）"和"베컴（贝克汉姆）"的长相进行比较，但实际是表达"贤长得和贝克汉姆一样帅气"的比况义。김정대（金正大）（1999）提出了要区分一个比较句是表示比较义还是比况义，比较基准是否具有［＋明确性］的语义要素是判定的一个标准。

김정아（金贞我）（1998）从认知语义的观点出发分析了比喻的意义。他指出可以将比较项所属领域的同一性与否作为判断句子具有何种意义的标准，如果比较主体中的对象与比较基准中的对象是属于不同的认知领域的话，比较句可以被解读为比喻义。

以上总结了两位学者的观点，我们可以得出区别句子比较义和比况义的三条判定标准。第一，比较基准的对象是否具有"明确性"；第二，比较基准的属性是否被广泛熟知；第三，比较基准的对象是否和比较主体的对象处于同一个认知领域内。

由以上对汉韩语先行研究的分析可以看出，在汉韩语中，比较和比况两种不同的语义内容可以同寄于一种句式——差比句。广义来说，比较义包括了比况义，而严格意义上的比较义与比况义之间在句法表达上并不存在明显的界限，因为有重叠，就容易产生歧义。通过前面的考察我们发现，比较义和比况义是完全不同的两种语义，但如果仅仅因为两者句法形式相同而对两者不加以区分，都划入差比范畴的考察范围内的话，势必会扩大我们的研究范围，不利于我们把握差比范畴的语义，因此我们在讨论差比范畴的语义基础之前，首要任务就是将表比况义的句子从差比范畴中剔除出去。既然无法从句法形式上加以区分，就必须从比较主体和比较基准所具有的语义特征的角度进行区分。

两个比较对象之间要想表达差比语义，首先被比较的两者之间必须是可比的，从上文对比况义的分析中我们也可以看出，表达比况义的两个对象之间并不具备可比性，因为表达比况义的句子更多的在于通过一个对象说明另一个对象所具有的特性。于立昌、夏群（2008：16）曾指出，"比较"是本质上的同类事物间的比较，而"比拟（即本文所说的比况）"是指两种不同事物间的比较，而两事物又有某些相似性。因此我们可以说，"比较"是同一语义场内的事物的比较，而"比拟"是不同语义场内的事物的"比较"。许国萍（2005：27）讨论比较结构所具有属性时提到一条标准是"参与者属于同一范畴，且一般为基本范畴的事物"。由以上学者的讨论我们可以得出，能够纳入差比范畴的句子必须满足〔＋同类比较〕的语义特征。具体来说就是相比较的两个对象属于同一个语义场，至少具有一个相同的语义特征。例如：

(11) a. 我比他重。

b. 外面比屋里热。

c. 弟弟比哥哥活泼。

d. 他们跑得比兔子还快。

例（11a、11b、11c）都是典型的表比较义的差比句。例（11d）虽然也是两个事物相比较，但表达的是比况语义。例（11a）中的两个比较对象"我"和"他"都具有〔＋人类〕〔＋体重〕的语义特征。例（11b）中的"外面"和"屋里"都具有〔＋方位〕〔＋地点〕〔＋气温〕的语义特征。例（11c）的"弟弟"和"哥哥"都具有的语义特征是〔＋男性〕〔＋性格〕。由以上各例句可以看出，表比较义的句子中的两个比较对象都至少具有一个共同的语义特征，它们属于同一语义范畴，同类事物。例（11d）中相比较的事物是"他们"和"兔子"，两者不属于同一个语义场,即便进行比较,也并不是将"他们跑步的速度"和"兔子跑的速度"进行高下的对比,而只是运用了比拟的手法来表达"他们跑得很快"的语义。

以上分析了汉语差比句中如何区分比较义和比况义,主要是看先比较的两项是否为同类比较,是否处于同一个语义场内。那么韩语中的情况是怎么样的呢?通过前文中对先行研究的考察,结合学者们得出的结论,同类比较即同一语义场内的比较,这一标准也适用于判断韩语差比句是表达比较义还是比况义。请看下列例句。

(12) a. 자동차가 자전거보다 더 빠르다.(汽车比自行车快。)
　　　b. 그는 나보다 나이가 많다.(他比我年纪大。)
　　　c. 계란이 사과보다 더 비싸다.(鸡蛋比苹果还贵。)
　　　d. 인정이 봄바람보다 더 따뜻하다.(人心比春风还温暖。)

根据我们上面提出的同类比较的语义标准,例(12a、12b、12c)表示比较义,例(12d)表示比况义。例(12a)中的"자동차(汽车)"和"자전거(自行车)"都具有[＋物体][＋交通工具][＋速度]的语义特征,例(12b)中的"그(他)"和"나(我)"都具有[＋人类][＋年纪]的语义特征,例(12c)"계란(鸡蛋)"和"사과(苹果)"共同具有的语义特征是[＋食物][＋价格],因为这三个例句都是属于同类比较,所以可以纳入差比范畴。但是例(12d)中的"인정(人心)"和"봄바람(春风)"一个是抽象概念,一个是实体概念,处于不同的认知域内,两者不属于同类比较,即使和差比句具有相同的句法表达,也不能划入差比范畴。

以上我们总结概括出了汉韩语差比句中区分比较义和比况义的判断标准,即比较的双方如果是同类事物进行对比话,我们可以判定该句子是表示比较义,如果比较双方不是同类事物的对比的话,我们说这个句子是表达比况义。

这里又涉及一个问题,如何确定两个对象是同类的还是非同类的?关于这个问题刘大为(2004:15)中有所讨论,他首先指出"类的划分是有层次的,两个对象对高层次的类而言如果是同类的,对低层次的类来说就未必是同类的"。他举了猫和老鼠的例子,指出猫和老鼠对哺乳动物的类来说是同类的，可是对猫和老鼠这两个较低级的类来说显然又是不同类的。同样对于低层次中不同类的对象来说，我们总可以找到一个高层次的类把它们笼罩住，使它们一起成为这个类的成员。所以我们认识到，同类还是非同类并不总是能够清楚地加以区分的。所以刘大为（2004）提出"要进行同类非同类的比较，首先必须指明是针对什么类而言的"。

以上我们讨论了汉韩语中比较语义区别于比况语义的语义特征，即同类比较。只有表同类比较语义的句子才能被划入差比范畴，表同类比较的句子一般在句法上表现为相比较的两个事物属于同一语义场，其中至少具有一个相同的语义特征。有时还需要借助语境提供的信息和人们的百科知识来判断两个事物能否构成差比关系。

三 差异性

在前文中我们讨论了差比范畴中首先需要区分的是比较义和比况义，我们提出了同类比较的判别标准，同类比较即比较对象之间必须具有可比性，这是进行比较的前提。

差异存在于世界上万物之间。比较可以使我们更好地把握事物之间的差异。邵敬敏、刘焱（2001：1）指出，究其差异、体现比较结果是比字句最基本的语义基础。刘丹青（2017：200）也曾指出，差比句表示两个对象在某一属性上的程度差异。学者们在讨论差比句时，必然会提到事物之间的差异性，由此可见，差异性是差比范畴最根本的语义特征。

有没有差异性是决定一个句子能否划入差比范畴的一个根本语义要素。在汉韩语中，比较标记和谓语成分在句子中都能表达差异性，但差异性并不都是通过比较标记①来表达。例如：

(13) a. 小王比小李高。

　　　b. 이 방이 저 방보다 크다．（b. 这个房间比那个房间大。）

(14) a. 比起北京，上海更热。

---

① 我们在这里提到的"比较标记"主要是指已经完成语法化构成的虚词，如汉语中的"比"，韩语中的"보다（比）"。

b. 영수는 철수이상으로 헤엄을 잘 친다. (b. 英洙比哲洙游泳游得好。)

　　例（13a）表达出了小王和小李在身高方面的差异性。比较标记"比"表明了两个对象进行了比较这个行为，通过比较结果形容词"高"说明了两者在身高上存在差异。例（13b）中通过使用比较标记"보다（比）"将"这个房间"和"那个房间"进行比较，发现这两个房间在面积大小上存在着差异性。例（13a、13b）都使用了比较标记和形容词做比较结果，表示两个事物进行比较，进而发现两者之间存在的差异。例（14a、14b）中虽然没有使用典型比较标记"比"和"보다"，但是通过表示比较意义的词语也表达出了比较双方在某些方面存在的差异。例（14a）中"比起"是词汇手段，表示将北京和上海的气温进行比较，发现两地的气温存在差异，上海的气温更高。例（14b）中的"이상（以上）"借自汉语方位词"以上"，通过对"영수（英洙）"和"철수（哲洙）"游泳水平的对比，得出两人在游泳水平方面存在差异，영수（英洙）比철수（哲洙）游得好。

　　前面我们讨论的汉韩语例句都具有差异性，他们都具备划入差比范畴的根本语义要素，但并不是所有具有差异性语义特征的句子都能划入差比范畴。例如：

（15）a. 我和他的想法不一样。
　　　　b. 아들이 아버지와 얼굴이 다르다. （b. 儿子和爸爸长得不像。）

　　例（15a、15b）都表达事物之间存在差异的语义，但是这类句子却很难被划入差比范畴。这是因为差异性是判断一个句子能否划入差比范畴的首要语义因子，但不是唯一语义因子。即差比范畴都有差异性，但是有差异性不一定可以属于差比范畴。

四　程度/数量变化义

　　前面我们讨论了有没有差异性是一个句子能否划入差比范畴的首要语义因子，但不是唯一的语义因子。那么句子还应该满足什么语义条件才能进入差比范畴呢？郑慧仁（2013：18）在讨论差比句的定义时曾提出,差比句各个语义要素之间的语义关系是将两个比较对象之间的属性进行衡量,一方的属性量级大于另一方。李蓝(2003:216)指出,所谓差比句,就是两个(或多个)比较对象在程度、数量或性状等方面有差别的句子。

由以上两位学者从语义角度对差比句的定义可以看出,一个句子要能够划入差比范畴,比较对象之间不仅要有差异性,还必须说明两者在哪些方面存在什么差异,即句子必须具有表程度或数量变化的语义。由此就可以解释例(15a)(15b)不能划入差比范畴的原因,因为这类句子只是表达了两者存在差异,但是没有说明存在什么差异,没有满足"程度/数量变化"的语义。句子只有在体现差异性的前提下,同时具备"程度/数量变化义",才能被划入差比范畴。例如:

(16) a. 南京路比淮海路繁华得多。

b. 这个小伙子比前面那位强上百倍。

c. 今年的研究生考试比往年推迟了一个星期。

d. 这种机器比那种机器费油。(史银妗,2003)

(17) a. 설악산은 관악산보다 더 높다.

(雪岳山比冠岳山更高。)

b. 휴맥스 상반기 주가는 지난 해보다 조금 떨어졌다.

(惠美斯上半年股价比去年跌了一点儿。)

c. 공사한 후, 학교 농구장을 전보다 2 배로 넓혔다.

(施工之后,学校足球场比之前扩宽了两倍。)

d. 동생의 합격 소식에 어머니가 아버지보다 기뻐하신다. (곽휘 2011)

(对于弟弟的合格消息,妈妈比爸爸高兴。)

例(16)(17)都可以表达程度/数量变化的语义。这些句子的程度/数量变化义是通过形容词谓语或动词谓语来体现的。例(16a)(16b)(17a)中的"繁华""强""높다(高)"都属于性质形容词。性质形容词的语义都是模糊的,可以显示强弱不等的程度,具有程度变化的弹性区间,因而能够进行比较并体现比较的差异(邵敬敏、刘焱 2002:2)。例(16cd)(17b、17c、17d)的谓语是由动词来充当的。"推迟""费

油""떨어지다(下降)"、"넓히다(扩宽)"都是具有[+数量变化]语义特征的动词,"기뻐하다(高兴)"是具有[程度变化]语义特征的心理动词。

综上,汉韩语差比范畴建立的语义基础是[+可比性]、[+同类比较]、[+差异性]和[+程度/数量变化]这四个语义特征。"可比性"是决定比较行为能否展开的前提,"同类比较"是将比较范畴和其他相似范畴区别开来的一个语义特征,"差异性"是建立差比范畴的根本语义因子,"程度/数量变化义"有时会蕴含在差异性语义之中,有时则需要单独将"程度/数量义"区分出来。

第三节 差比语义的编码手段及典型句式

在前文中我们讨论了差比范畴的语义基础。在本节中,我们主要对差比关系在汉韩语中的编码手段进行分析。刘丹青(2003:4—12)提到了三种汉语差比关系的编码手段:句法型手段、词汇型手段、纯语序手段[①]。那么这三种手段在汉韩语中分别都是如何编码的呢?以下将展开详细论述。

首先我们看句法型手段。在语言类型学中差比结构有四个基本构成要素:(1)性质属性的主体;(2)表示属性的形容词;(3)基准;(4)比较标记。我们以汉语"小张比小王高"和韩语"철수는 준호보다 크다.(哲洙比俊浩高。)"两个句子为例分析差比结构中的基本构成要素。"小张"和"철수(哲洙)"是比较主体(subject),是相比较的两个对象中占主体地位的一方; "小王"和"준호(俊浩)"是比较基准(standard),即用来比较的参照物;"高"和"크다(高)"是比较结果(adjective)也有人称为"比较参项",即两个基本点对象的差异所表现的方面,比较结果的典型成分是形容词。"比"和"보다(比)"是比较标记(marker),即用来引出比较基准或比较从句的语法标记或虚词。同

---

① 以下关于汉语中词汇性差比句、语序性差比句的论述主要参考刘丹青《差比句的调查框架与研究思路》,民族出版社2003年版,第4—12页。

样，在韩语中，典型的差比结构也具有以上所列举的四个基本构成要素。

以上讨论的四个基本构成要素是典型差比结构中不可缺少的成分，此外还有一些可选成分，如度量成分和副词成分。例如：

(18) a. 他比我高两公分/一点儿/很多。

b. 他比我还要高。（刘丹青，2012）

(19) a. 설악산은 관악산보다 1000 미터 더 높다.

（雪岳山比冠岳山还高1000米。）

b. 재정 적자 문제는 예상보다 덜 심각했다.（곽휘 2011）

（财政赤字问题没有预想的严重。）

例（18a）(19a) 中的"两公分/一点儿/很多"、"1000 미터"都属于句子中的度量成分。例（18b）、(19a)、(19b) 中的"还""더（更）""덜（不及）"都属于副词成分。汉韩语中可以加在比较结果前的副词存在差异，汉语中可以出现在比较结果前的副词有"更"和"还"，都表示"更进一层"的语法意义。在韩语中，经常出现在比较结果前的副词有"더（更）"和"덜（不及）"，"더（更）"是表示更进一层的语法意义，而"덜（不及）"表示"程度不够"的意义。

有些差比意义可以不通过虚词或形态来表示，而是直接通过实词的语义来表达。"一号楼比二号楼高。"这一差比句可以表达为"一号楼的高度超过二号楼（的高度）"。在后一种说法中，没有虚词比较标记。比较的意义通过"超过"这个动词来显示。刘丹青（2003：10）指出上述的例子不是语法化的表达，属于"词汇性差比句"。吴福祥（2010：238）指出在几乎所有的粤语方言中，都可以用"形容词＋过＋基准"这样的结构来表示差比义，其中的比较标记"过"就是从超过义的动词"过"虚化而来的。粤方言中"过"这类句式已经由词汇型差比句通过语法化转化为句法型差比句。

在汉语中还有一类离语法化更近一些的词汇性比较句，是"比起＋基准（来）"。如：

(20) 你母亲娘家亲族虽然叫人不太满意，可是<u>比起</u>你们自己家里人那种完全没有体统的情形<u>来</u>，便简直显得无足轻重。(BCC)

(21) <u>比起</u>刚刚那个柔顺而急于讨好的尤物<u>来</u>，现在这个阿弗丽尔要

精明、冷酷得多。(BCC)

刘丹青(2003：10)指出这种"比"不是真正的介词,其结构明显比介词短语"比……"松散。因为"比起+基准(来)"这个结构比较松散,后面常有停顿(介词短语"比……"后面不宜有停顿),所以当比较基准比较复杂的时候采用这个结构,可以使得谓语成分不致过分累赘。如果例(21)中使用介词"比"字句变为"现在这个阿弗丽尔比刚刚那个柔顺而急于讨好的尤物要精明、冷酷得多"。这个句子虽然也合乎语法,但是读起来会比较吃力,比较基准部分名词前的定语成分较为复杂,信息处理起来比较费劲。"比起"还不是真正的比较标记,英语中也有类似的差比义的词汇性表达手段啊,是用分词短语compared with,使用这一短语时形容词不用比较级而用原级,如:

(22) a. The room was light and lofty compared with our Tudor ones.

　　b. 比起我们都铎风格的房间来,这个房间显得素雅而大气。

刘丹青(2003：10—11)指出"比"字句的谓语否定词应当处于"比"之前,而"比起"句的否定词不能放在"比"之前,而要加在谓语形容词上。例如:

(23) a. 我不比他高。

　　b. *我比他不高。

(24) a. 我比起他来不高。

　　b. *我不比起他来高。

韩语中也存在一类词汇型比较句,是通过使用动词"비하다(比较)"来表达比较义。它的句式构成一般为"-에 비하여(比起)","-에 비해(서)(比起)","-에 비하면(比起)",即在被比较的对象后添加助词"-에"而形成的。具体示例如下:

(25) 다른 작물에 비하면 생산비가 덜 든다.(표준국어대사전)

　　(比起其他作物,生产成本低)。

(26) 그는 사진에 비해서 실물이 훨씬 더 좋은 인상을 풍겼다.(표준국어대사전)

　　(比起照片,真人给人的印象更好。)

例(25)(26)可以看作为词汇型比较句,"비하다(比)"为动词,

不是真正的比较标记。这类词汇型比较句可以和汉语中的"比起"类比较句相对应。

李娜（2004）对"보다（比）"句和"에 비해（比起）"句进行了考察，发现两者之间存在一些差异。"보다"句的主要语义功能是表达差比语义，而"에 비해"除了可以表达差比语义外，还可以表示相反或相对义。"보다"句的基准一般是词或短语，谓语成分较为简单，而"에 비해"句的基准可以是更为复杂的句子形式。例如：

(27) a. 예쁜 구석이 있어서 외모상 사이비 터프인 윤주에 비해 정통 오리지널 터프한 외모이면서도 남 불편 안 하게 할 정도의 매너를 가진 그를 그녀는 괜찮은 사람이라고 지금껏 생각해 오고 있었다．（转引自崔建，2010：108）

b. *예쁜 구석이 있어서 외모상 사이비 터프인 윤주보다 정통오리지널 터프한 외모이면서도 남 불편 안 하게 할 정도의 매너를 가진 그를 그녀는 괜찮은 사람이라고 지금껏 생각해 오고 있었다．

例（27）表示相对义，比较基准和谓语成分都比较复杂，不能用"보다（比）"句式来表达。

不用比较标记的差比句还有一种可能性就是纯粹靠语序手段，典型的是"比较主体+形容词+比较基准"式。这种可以被称为"纯语序型差比句"。在两种情况下，纯语序型差比句在汉语中较为常见。一是带度量成分，如"他高我一头""你胖我一圈""我穿的鞋大你一号"。二是同一主体在时间维度上的差化，可加时间递比句。虽然在普通话中会说"他一天比一天瘦"，在老上海话中可以说成"伊一日瘦一日"，这便成了纯语序型差比句。① 韩语是有形态标记的语言，语法关系主要通过助词和语尾来表达，因此不存在不使用助词纯粹用语序来表达差比语义的差比句。

以上，我们讨论了汉韩语中编码差比语义的语言手段。总体来说，汉语中存在三种差比语义的编码手段，分别是句法型手段、词汇型手段

---

① 关于汉语中纯语序型差比句的论述主要参考了刘丹青《差比句的调查框架与研究思路》，民族出版社2003年版，第12页。

和纯语序型手段；而在韩语中，只存在句法型手段和词汇性手段两种编码形式，不存在纯语序型手段。以下我们用表的形式将汉韩语中差比语义的编码手段列一个清单。

表 2-7　　　　　　　　汉韩语差比语义的编码手段

	汉语	韩语
句法型手段	比较主体 + 比较标记 + 比较基准 + 比较结果 他比我高三厘米。	比较主体 + 比较基准 + 比较标记 + 比较基准 설악산은 관악산보다 1000 미터 더 높다. （雪岳山比冠岳山还高1000米。）
词汇型手段	一号楼的高度超过二号楼。 他比起我来更优秀。	다른작물에 비하면 생산비가 덜 든다. （比起其他作物，生产成本低。）
纯语序型手段	他高我一头。	不存在

第四节　本书对差比范畴的界定及研究对象

以上我们综述考察了汉韩语学界学者们对差比关系和差比句的界定和定义。在这一部分，我们在前人学者研究的基础上，界定差比范畴，确定本书的研究对象，即确定差比范畴的下位分类以及代表性句式。

本书中我们将差比范畴看作语义范畴。首先，我们有必要区分语义范畴、语法范畴、语义语法范畴这几个术语，以期对差比语义范畴的性质有更加明确的把握。关于语义范畴和语法范畴之间的关系，邵敬敏、赵春利（2006）指出汉语学界目前至少有三种不同的理解。第一，将语义范畴与语法范畴等同起来，把语义范畴看作语法范畴或直接叫语义语法范畴。这一观点的代表性学者有胡明扬（1958）、马庆株（1998）。第二，将语义范畴独立于语法范畴（形式范畴）。邵敬敏（1992）指出，"语法研究应该根据汉语的特点，着重分析汉语的语法意义范畴及其表现形式……确切地说是研究语法意义是如何通过各种语法形式表现出来的，它既有词汇及语用问题，而更主要的还是句法本身的问题。"第三种观点是语法范畴产生了语义范畴。陆俭明、沈阳（2003）从形式与意义的生成关系来定义语法意义，这是受到了生成语法理论的影响。他们将语法范畴与语义范畴合而为一。我们认为以上邵文总结的三种不同的理解中的第一点和第二点实际是不冲突的，主要是因为这两点中提到的语法范畴的所指不同。第一点中的语法范畴就是指语义范畴，而第二点中的语法范畴是指形式范畴。邵敬敏、赵春利（2006）指出，语法关系通常是指表示某种语法语义和表示这种意义的形式手段两者的统一体，语法关系又可以区分为"形式范畴/形式语法范畴"和"语义范畴/语义语法范畴"。因此我们可以认为语法范畴包括形式范畴和语义范畴。邵文中指出"语义范畴"是在探求汉语特有的表现语法意义的语法形式或决定语法形式的语义意义的过程中，在不断明确语法研究目的和探求研究方法的过程中，在认识到语法意义与语法形式之间内在的决定与反制约关系的历史背景下提出来的。语义范畴从本质上讲，就是从语法意义角度归纳出来的语法范畴。语法意义主要有两类：一是从词类词范畴小类中概括出来的具有范畴性的语义特征；二是从词语或句式的组合中概括出的范畴化的语义关系。语义范畴也需要形式的支撑和鉴定（邵敬敏，2006：32—33）。我们之所以将差比范畴看作一个语义范畴，主要是因为差比表达的是一种语义关系，并且能够通过具体语言的语法层面通过一定的形式表达出来。

差比范畴的语义就是表达两个对象在某一属性上的程度差异，这个差异可以是"程度高"也可以是"程度低"，在句法层面表现为差比句。Ultan（1972）指出了差比句可以分为两个次类"comparative of superiority（优级比较句/优比句）"和"comparative of inferiority（次级比较句/次比句）"。优比句是指两个实体具有的某种可分级特性在等级量表上表现为一方超过另一方，等级高的一方为比较主体，被超过的一方为比较基准。吕珊珊（2017：343）采用了等级量表法来判断差比句的两个词类（如图2-1）。

优级比较和次级比较的两个概念可以通过图2-1来说明。在一个等级量表上，两个实体（即比较主体和比较基准）进行比较，如果比较主体在量表上位于基准的右侧，也就是处于高位，这两个物体的比较就是属于优级比较；如果比较主体在量表上位于基准的左边，也就是处于低

```
(-) 次级                                              优级 (+)
低位                                                    高位
比较主体              比较基准                          比较主体
```

图 2 – 1　等级量表

位,这两个实体的比较则属于次级比较(吕珊珊,2017:343)。

　　Ultan 关于差比句的分类和前文中讨论的赵金铭(2001)的分类一致,赵金铭指出的"胜过范畴"即 Ultan 的"优级比较句",而"不及范畴"即 Ultan 的"次级比较句"。吕珊珊(2017:343)指出,"胜过""不及"两个术语由于自身的语义,容易引起对"胜过范畴"和"不及范畴"比较句理解上的偏差。袁海霞(2013)等学者主张通过差比句中充当比较结果的形容词的语义来断定差比句的语义,即她认为"今天这批货物的质量比昨天差"这类差比句属于"不及义"差比句。这种分类方式会使差比句的语义和形式不对称,反而会使语义分析更加复杂。我们可以按照吕珊珊(2017)提出的等级量度表来考察"鸡蛋比鸭蛋小"这类句子。首先根据等级量表对"小"进行分级,右边的"小"处于高位,程度高,左边"小"处于低位,程度低,中间的比较基准为"鸭蛋",比较主体位于基准的右面,也就是说在"小"的程度上,"鸡蛋"要高于"鸭蛋",那么"鸡蛋比鸭蛋小"就是优级差比句,同时这个句子也就是赵金铭(2001)提出的"胜过范畴"差比句。因此我们应该区分"胜过范畴"和"胜过义"比较句,"不及范畴"和"不及义"比较句。"胜过范畴"和"不及范畴"是从范畴的角度出发来界定的,既考虑了语义也结合了句法形式。而"胜过义"和"不及义"则只是从语义的角度出发界定的。"胜过范畴"比较句不等于"胜过义"比较句,"不及范畴"比较句也不等于"不及义"比较句,因此我们为了避免命名方式上带来的理解混乱,本研究中采用"优级"和"次级"的术语。

　　我们借鉴两位学者的研究成果将差比范畴分为"优级范畴"和"次级范畴"两个次范畴。差比范畴是人们的认知对"两种事物在某一属性上的程度差异"的心理表现进行能动处理的结果。根据范畴化的原型理论,范畴内各成员之间的地位是不平等的,有典型成员和非典型成员之

分，典型成员最具有原型性。"优级范畴"中包括优级比较句，其中最具原型性的成员是汉语中的"比"字句和韩语中的"보다（比）"句，"次级范畴"中包括次级比较句，即汉语中的"没有"类差比句和韩语中的"–만큼–지 않다（没有）／–보다–지 못하다（不如）"句。以下将本书划分的差比范畴的下位次范畴及框定的研究对象整理如表2–8。

表2–8　　　　　　差比范畴的下位分类及代表性句式

语义范畴	句法形式	
优比范畴	汉语优比句	X比Y（还/更）Z
	韩语优比句	X는Y보다 더Z
次比范畴	汉语次比句	X没有Y（那么/这么）Z
	韩语次比句	X는Y보다 덜Z X는Y보다Z지 못하다 X는Y만큼Z지 않다

在韩语中存在一类"보다（比）"句，这类句式和优比句形式类似，都采用了比较标记"보다（比）"。这类句式涉及的比较对象只有一个，比较对象是恒定不变的，将比较对象所具有的属性通过"보다（比）"连接起来，例如"그녀는 예쁘다기보다는 총명했다．（与其说她漂亮，倒不如说她聪明。）"关于这类句式，하길종（夏吉宗）（1999）、曹瑞炯（2013）都曾有过考察，究竟这类句式能否划入差比范畴的范围内，仍然还有讨论的余地。

하길종（夏吉宗）（1999）将这类句子界定为拟似比较句（psedudo-comparative/의사비교문），他指出，这类句式不是用来判断两个比较对象之间的异同的，而是为了突出强调比较主体的特性。拟似比较句中属性主体和比较内容是必需成分，但是比较基准不是必需成分，在句中可以不出现。拟似比较句的基本句法结构及例句如下：

属性主体①+比较内容+比较内容

(28) a. 인호가 아름답기보다 (는) 우아하다. (하길종 1999：71)

（与其说仁浩美丽，不如说他优雅。）

b. 인호는 현명하기보다 영리하다. (하길종 1999：74)

（与其说仁浩高明，不如说他聪明。）

在拟似比较句中属性主体是必需成分，可以不出现比较基准，比较内容有两个。这类句式可以表达强调的语义，为了突出属性主体的特性不是"보다"前的内容而是其后的内容。例（28a）表达的语义是"与其说仁浩美丽，不如说他优雅"。这个句子是将仁浩所具有的"美丽"和"优雅"的特性进行了比较，突出强调他更具有"优雅"的特性。例（28b）表达的语义是"与其说仁浩高明，不如说他聪明"，同样也是为了突出强调仁浩"聪明"的特性。分析以上例句可知，虽然拟似比较句和胜过差比句在句法形式上类似，都带有比较标记，但是拟似比较句并不表达差比义，而是表达一种强调义。

曹瑞炯（2013）则是将这类句式归为"属性差比"，也是差比范畴的一类。这类"属性差比"在汉语中是不存在的，在韩语中很常见，在英语中也存在类似的句式。"John is more sad than angry.（与其说约翰生气，不如说他难过悲哀。）"这个例句中，根据曹文的解释，该句的"对象"只有一个，是"John"，差异体现在"John"所有的属性部分。这句话可以理解为：经过比较，在"John"身上，"sad"这一属性比"angry"更占优势。同样他认为类似的韩语句式也可以做同样的解释，如"그녀는 예쁘다기보다는 총명했다.（与其说她漂亮，不如说她聪明。）"可以解释为：经过比较，在她身上，"예쁘다（漂亮）"这一属性比"총명하다（聪明）"这一属性更占优势。

我们认为，하길종（夏吉宗）（1999）和曹瑞炯（2013）对此类句式的语义解释都有一定的说服力。差比范畴虽然是一个语义范畴，但是我们在界定差比范畴时，必须采用句法语义相结合的方式。并且刘丹青

---

① 按照典型差比句的类型参项来说，这里应该是"比较主体"。但是由于拟似差比句中不存在比较基准，也就无所谓"比较主体"了。实际出现在句中的即为"属性主体"，是后面出现的两个比较内容（属性）的主体。因此我们在这里采用了"属性主体"的术语。

(2012：2)中指出"跨语言的典型差比句以属性形容词（又叫比较结果或比较参项）为谓语或表语……与形容词同现的还有三个基本要素：主体，基准和标记（用来引出基准）"。"属性差比"句式"그녀는 예쁘다기보다는 총명했다.（与其说她漂亮，不如说她聪明。）"中，"그녀（她）"是"属性主体"，"예쁘다（漂亮）"和"총명하다（聪明）"只能为两个比较内容，不存在比较结果。因此也可以看出，这类句式是通过对两个属性进行比较，从而更加突出强调属性主体所具有的属性。综合上述分析，我们认为曹瑞炯（2013）中提到的"属性差比"不能纳入差比范畴的研究范围之内。

与"기보다（는）"具有相似句法结构的句式还有"느니보다（不如）（는）"句。这个句式同样也是表达强调比较主体的特性的语义。具体示例如下：

(29) a. 인호는 우느니보다 웃어라（울지 않는 것이 좋겠다.）

　　［仁浩与其哭还不如笑（最好不要哭）。］

　　b. 낯선 사람이 혼자 가느니보다 상형도 함께 가는 편이 좋았을 텐데……

　　（与其让陌生人自己去，还不如和尚贤一起去更好。）

出现在该句式中的两个比较内容一般都是反义词汇或短语，如例(29a)中的"울다（哭）"和"웃다（笑）"，例(29b)中的"혼자 간다（自己去）"和"함께 간다（一起去）"。例(29a)表达的语义是"仁浩与其哭还不如笑"。例(29b)表达的语义是"与其让陌生人自己去，还不如和尚贤一起去更好"。这两个句子都不表达差比义，而是使用"느니보다（不如）"来强调比较主体具有的特性。因此"느니보다（不如）"句式也不是我们考察的研究对象。

第 三 章

汉韩语优比句的句法语义对比

在这一部分我们将对汉韩语中的优比句"比"字句和"보다（比）"句展开句法语义的详细描写，首先我们将在语言类型学的视角下考察汉韩语典型差比句的类型参项，然后分别考察优比句中比较项、比较结果的句法语义特征，找出它们的共性和差异，以期较为全面地把握汉韩语的优比句句法语义特征。

这部分我们主要研究汉韩语中的优比句，优比句的语义可以概括为两个对象针对两者共同具有的某一属性进行比较，充当比较主体的一方的等级超出充当比较基准的一方的等级。从句法结构上来说，优比句中必须要有已经虚化的介词"比"和"보다（比）"来充当比较标记。

第一节 优比句类型参项的表现形式及句法表现

典型的优比句有四个基本构成要素，分别是比较主体、比较基准、比较结果[1]和比较标记。学界对优比句具有的这四个基本构成要素已基本达成共识。但由于优比句本身的结构比较复杂，还存在一些隐含成分，某些基本构成要素，如比较结果还可以再继续细分，因此我们首先对汉韩语中优比句的类型参项做一个系统全面的考察。

---

[1] 刘丹青（2017：200）将表示属性的形容词，即两个基本点对象的差异所表现的方面称为"比较参项"。也有人称为"比较结果"，这是因为比较参项也正是比较后主体拥有的属性。在本书的论述中，我们采用"比较结果"的说法。

跨语言的典型优比句通常是由性质形容词做整个句子的谓语即比较结果，与形容词同现的还有三个基本参项：比较主体、比较基准和比较标记，这四个基本类型参项也是汉韩语典型优比句中共有的，只是不同的学者在对它们的命名方式上存在名称的差异①。刘丹青（2017：200）提到了比较成分，它通常与比较结果联系在一起，是加在性质形容词或其他比较结果上的表示比较程度的成分，可以是形态要素（属"级"范畴中的比较级），也可以是分析性的副词性成分，两者都可以称为"比较级标记"②。英语是典型的具有比较级标记的语言，如：

（1）a. John is taller than Jim.

b. John is more handsome than Jim.

以上英语例句（1a）和（1b）中，分别使用了比较级后缀 er 和分析性比较标记 more。在普通话优比句中，形容词取原形，不需要添加比较级标记。

汉韩语典型优比句的构成中，还有一个在语义必不可少却又容易在进行句法分析时被忽略的成分，即比较点。一般来说，比较点就是比较的内容，是比较主体和比较基准共有的某一属性或某一方面的内容，只有满足比较项具有共同的属性内容，两者才能具有可比性。比较点之所

---

① 刘焱（2004）中指出构成"比较"关系需要两个不同的对象：一个是引发比较的主动者，称为比较主体；一个是被比较的对象，它是作为比较的标准存在的，称为比较客体。并且将比较句中固定不变的词语即比较的标记称为比较词。韩语学界对于差比句构成成分的命名更是不太一致，以下我们重点考察정철주（郑哲洙）（1984）、황미향（黄美香）（1996）两位学者论文中提到的命名方式。

백두산은 설악산보다 더 높다. (정철주 1984：35)（白头山比雪岳山更高。）

정철주（郑哲洙）(1984) 中将"백두산은（白头山）"称为"비교어귀（比较短语）"，"설악산보다（比雪岳山）"称为"기준어귀（基准短语）"，"보다（比）"称为"비교표지（比较标记）"，"더（更）"称为"우열정도부사（优劣程度副词）"，"높다（高）"是"서술어（谓语）"。

김씨가 이씨보다 훨씬 더 인색하다. (황미향 1996：344)（老金比老李更吝啬。）

"김씨（老金）"是"비교주체어（比较主体语）"，"이씨（老李）"是"비교대상어（比较对象语）""보다（比）"是"비교대성어표지（比较对象语标记）"，"훨씬（更）"是"비교차（比较差）"，"더"是"비교소（比较素）""인색하다（吝啬）"是"비교속성（比较性质）"。

② 刘丹青：《语法调查研究手册》，上海教育出版社2017年版，第200页。

以容易在进行句法分析时被忽略主要是因为比较点通常都蕴含在命题中,并非句法上的必需成分,有时会被"省略",体现为句法上的"零形式"。例如:

(2) 小王比小李年轻。

(3) 철수는 민수보다 어리다.(哲洙比民洙年轻。)

根据上面的分析,例(2)、(3)中"小王""철수(哲洙)"是句子的比较主体,"小李""민수(民洙)"是比较基准,"年轻""어리다(年轻)"是比较结果,"比""보다(比)"是比较标记。这四个参项是汉韩语典型优比句的必需成分。例(2)、(3)中比较的内容即比较点在句中并没有点明,在汉韩语两个句子中表现为"零形式",并没有出现。那么我们只能结合比较主体和比较基准所具有的共同属性以及比较结果所具有的属性来推断,两个优比句中的比较点是"年龄",即以上两个例句实际是对比较主体"小王""철수(哲洙)"和比较基准"小李""민수(民洙)"的年龄进行了比较。

典型优比句中的比较结果往往是由性质形容词充当的。当性质形容词充当比较结果,其构成比较简单。但是在实际的言语环境中,优比句中充当比较结果的成分绝不单单只由一个性质形容词构成这么简单,因此为了后续讨论的明确性,比较结果可以进一步划分为比较差值和比较属性。比较属性是指通过比较后而得出的对差异的主观评价,例如是大还是小,是高还是低,是胖还是瘦等;比较差值是指衡量比较属性的指数,通常情况下由数量短语充当。比较结果除了包括比较属性、比较差值外,还包括程度副词"更""还"。在优比句中比较属性是比较结果的必要构成要素,比较差值和程度副词是可选要素,可出现也可不出现。

(4) 他比我高两厘米。

(5) 그는 나보다 두 살 어리다.(他比我小两岁)

例句(4a)、(5a)中的"两厘米""두 살(两岁)"都是属于度量成分,也就是我们这里说的比较差值,对比较结果起补充说明的作用。"高"和"어리다(年轻)"充当句子的比较属性,是句子的必需参项。

汉语优比句中可以在比较结果前加程度副词"更/还",韩语优比句中可以在比较结果前附加程度副词"더/덜(更/不及)"。

(6) 你比我更/还顽固。

(7) 영수는 희철보다 더/덜 부지런하다.

（英洙比希澈更勤劳/英洙没有希澈勤劳。）

以上两个句子，都通过程度副词起到了强化或弱化句子差比语义的作用。例（6）中的"更/还"虽然都可以出现在差比句中，但是两者之间存在一些表义的异同。一般来说，"更"出现在比较结果前表示后一种情况比前一种情况程度更甚或进一层的意思，"还"除了表示程度上更进一层的语义外，还可以表示保持某种动作、状态持续存在，补充说明某种情况的作用。韩语中出现在差比句中的"더（更）"是表示后一种情况比前一种情况程度更甚的语义，而"덜（不及）"则正好表示的是相反的语义，具有后一种情况比前一种情况程度减弱的语义，这两个程度副词都可以出现在差比句①的比较属性前。而在汉语优比句中没有表[+程度减弱]义的副词出现在比较结果前的情况，这是汉韩语优比句的一个不同之处。

第二节 汉韩语优比句比较项的句法特征对比

一 汉语优比句比较项的句法特征

在第二章讨论差比范畴的语义基础时，我们指出一个句子要想满足差比语义，首先必须满足同类比较，即相比较的对象之间要具有可比性。能够进行比较的对象可以是人或事物，也可以是性质状态，或者是动作行为等。

优比句中的比较主体和比较基准的句法属性和结构关系一般是相同的，而且语义上一般属于同一语义范畴的成员，因为同一语义范畴成员之间具有的共性特征最多也最为明显。一般来说，优比句的表层结构中，比较主体和比较基准两者无论是句法类型还是语义类型都要一致，即比较主体 = 比较基准，这是优比句最为标准或理想的句式。这一部分我们

---

① 此处我们没有采用"优比句"的名称而是采用了"差比句"的名称，主要原因是在韩语中"덜"出现的句式表达"次比"语义。我们将"优比句"和"次比句"统称为"差比句"。

主要讨论优比句比较项的句法特征,即比较项都可以由哪些词类来充当。因此为了便于进行比较,我们选取了比较项可以形成对称结构的标准形式的优比句式进行考察。

(一) 比较项是名词或名词短语

(8) 要看多杀人,电影可比故事带劲得多。(王朔《看上去很美》)

(9) 就整体气魄论,同里比周庄大。(余秋雨《文化苦旅》)

(10) 家里的饭菜并不比保育院的饭菜更丰盛。(王朔《看上去很美》)

(11) 觉新的态度比克安的话更激怒了觉民。(巴金《秋》)

例(8)—(11)都是由名词或名词性成分充当比较项的情况。例(8)中的比较项"电影"和"故事"是普通名词,例(9)的"同里"和"周庄"是专有名词,例(10)、(11)中比较项"家里的饭菜""保育院的饭菜""觉新的态度"和"克安的话"都是定中结构的名词性短语。这些名词性成分都可充当优比句的比较项。

(二) 比较项是代词

(12) 我们那时比你们厉害多了。(王朔《我是你爸爸》)

(13) 我总觉得自己思想比他们成熟一些,见识比他们广博一些。(林清玄《从容的底气》)

(14) 她比你强多了。(柴静《看见》)

(15) 来崇德生命中两个最重要的女人和好了,这比什么都好。(池莉《生活秀》)

例(12)—(15)中的比较项都由代词充当。其中,例(12)、(14)中"我们""你们""她""你"都是人称代词,例(13)中"自己"是反身代词,例(15)中"这""什么"分别是指示代词和疑问代词。

(三) 比较项是形容词或形容词短语

(16) 谦卑比慈悲更难。(林清玄《从容的底气》)

(17) 但忙碌比闲散好,可以省却许多无谓的思想我的书架上……(《冰心全集》第1卷)

(18) 大点儿比小点儿合适。(转引刘焱,2004:51)

例（16）（17）中"谦卑""慈悲""忙碌""闲散"都是形容词，例（18）中"大点儿""小点儿"为形容词短语。形容词和形容词短语都可以直接进入优比句中充当比较项。

（四）比较项是动词或动词性短语

（19）（她认为起码是她的父母不会把她驱出家庭，但她承认她的父母会惩罚她。）她安慰我："<u>惩罚</u>比<u>自杀</u>好。"（余华《爱情故事》）

（20）<u>付出</u>比<u>获得</u>更能激发爱。（周国平《妞妞》）

（21）第二天，我们就开始实践，扫地之前先用力摇树，结果发现<u>摇树</u>比<u>扫地</u>还累。（林清玄《从容的底气》）

（22）<u>爬石阶</u>当然要比<u>坐车</u>花时间花力气，但这石阶也是现代修的，古人上山连这么一条好路都没有呢。（余秋雨《文化苦旅》）

例（19）、（20）中的"惩罚""自杀""付出"和"获得"都是动词，可以直接进入优比句充当比较项。例（21）中"摇树""扫地"，例（22）中"爬石阶""坐车"都是动宾短语。韩语是具有形态变化的语言，韩语优比句中形容词和动词在不改变形态的情况下不能进入优比句中充当比较项，这是汉语和韩语优比句在比较项句法成分方面存在的一个区别。

（五）比较项是数量短语

在汉语存在"一M比一M+VP"这类句式，一般来说这类句式具有表达"程度累进"的语义。这类句式中比较项都是由数量短语充当的。

（23）我在波涛中起伏颠簸，小床变成我的船，一次次把我从浪底送上浪尖，<u>一次</u>比<u>一次</u>离天花板近。（王朔《看上去很美》）

（24）商店的门头<u>一个</u>比<u>一个</u>洋气，所谓洋气就是有洋人的气息吧……（贾平凹《高兴》）

（25）团圆媳妇的病，<u>一天</u>比<u>一天</u>严重，据他家里的人说，夜里睡觉，她要忽然坐起来的。（萧红《呼兰河传》）

（26）更为可怕的是，她用她的头，撞击门板，<u>一下</u>比<u>一下</u>用力，撞得门板嘭嘭响。（莫言《丰乳肥臀》）

例（23）—（26）都采用了"一M比一M+VP"的格式，其中的"M"既可以是时量词，也可以是名量词，还可以是动量词。例（23）中的"一次",例(26)中的"一下"为动量,例(24)中的"一个"为名量,例(25)中的"一天"为时量。比较主体和比较基准是相同的数量短语"一M比一M+VP"的句式,学界一般将其命名为"递及比较句"。除了上述所说的时量词、名量词、动量词可以充当句式中的"M"成分外,有时普通名词也可以充当"M"。这时,普通名词一般是以临时量词的身份进入递及比较句的,它在句中所起的作用和意义与一般名量词相同。直接以名词身份进入递及比较句的普通名词一般限于具有熟语性质的说法,如"一浪比一浪高"等。

(六)比较项是主谓短语或小句

(27)亮亮,<u>我在城市里生活</u>,到今年正好二十年,比<u>我在乡下的岁月</u>长得多,早年依靠呼叫器与紧急电话过日子,如今想起来还心惊肉跳。(林清玄《从容的底气》)

(28)<u>让它们留住一点虎虎生气,交给人们一点生涩和敬畏</u>,远比<u>抱着一部《康熙字典》把它们一一收纳</u>,有意思得多。(余秋雨《文化苦旅》)

(29)<u>他的字写得极好</u>,比<u>学校的女老师写的</u>好多了。(余秋雨《文化苦旅》)

(30)<u>哪怕你把我们部的办公室给拆了</u>,也比<u>到处求人</u>好办。(柴静《看见》)

例(27)—(30)都是由主谓短语或小句充当比较项的情况。这类句子主要是就两个事件进行比较。

二 韩语优比句比较项的句法特征

与汉语优比句的比较项的语义情况一样,在韩语优比句中,人或事物、性质或状态、动作行为等都可以进行比较,那么这些比较对象在句法层面可以由哪些词类来充当呢?与汉语优比句中充当比较项的词类又存在哪些异同呢?

韩语是有形态标记的语言,比较标记"보다(比)"标示比较基准项,用主语标记"이/가"或话题标记"는/은"标示比较主体。与汉语优比句中体词性成分、谓词性成分都可以充当比较项的特性不同,韩语

优比句中只能由体词性成分充当比较项。谓词性成分若要进入优比句中充当比较项，需要将谓词性成分转化为名词性成分。具体来说，将动词转化为名词的方法主要是动词后添加依存名词"-것"；将形容词转化为名词的方法为形容词后添加名词派生后缀"-(으)ㅁ"。具体示例如下：

(一) 比较项是名词或名词性短语

(31) 그리고는 돈보다 사람을 다시 찾아야겠다고 결심했습니다. (김홍식〈우리가 살아가는 이유〉)

（并且下定决心要重新找人，而不是找钱。）

(32) 한 개인의 생명은 정권보다도 더 크다. (〈조선일보 칼럼(90)〉)

（一个人的生命比政权还要大。）

(33) 바람 피운 부인보다 때리는 남편이 더 못됐군. (김홍식〈우리가 살아가는 이유〉)

（比起出轨的妻子，家暴的丈夫更坏。）

(34) 한 사람의 남편이 되는 일은 시장이 되는 일보다 중요합니다. (김홍식〈우리가 살아가는 이유〉)

（做一个人的丈夫这件事比当市长更重要。）

(35) 가족들은 엄마가 해주는 밥보다 다희가 해주는 밥을 더 잘 먹습니다. (김홍식〈우리가 살아가는 이유〉)

（比起妈妈做的饭，家人们更喜欢吃多喜做的饭。）

(36) 소화력은 분말소화기보다 하론, 이산화탄소가 들어간 가스소화기가 더 크지만 가격이 3 배가량 비싸므로 가정용은 분말소화기로도 충분하다고 전문가들은 조언한다. (〈조선일보 생활 (93)〉)

（专家建议，虽然灭火能力比粉末灭火器大，但含有二氧化碳的气体灭火器价格高出 3 倍左右，因此家庭用粉末灭火器也足够了。）

例（31）中的比较项"돈（钱）""사람（人）"，例（32）中的比较项"생명（生命）""정권（政权）"和例（36）中的比较项"분말소화기（粉末灭火器）""가스소화기（气体灭火器）"都是由名词充当的，例（33）中的比较项"바람 피운 부인（出轨的妻子）""때리는 남편（家暴的丈夫）"，例（34）中的比较项"한 사람의 남편이 되는 일（做一

个人的丈夫）""시장이 되는 일（当市长）"，例（35）中的比较项"엄마가 해주는 밥（妈妈做的饭）""다희가 해주는 밥（多喜做的饭）"都是由名词性短语充当。

（二）比较项是代词

(37) 내가 너보다 크다.（《표준국어대사전》）

（我比你高。）

(38) 그는 누구보다도 걸음이 빠르다.（《표준국어대사전》）

（他比谁走得都快。）

(39) 그는 나보다 두 살 위이다.（《표준국어대사전》）

（他比我大两岁。）

例（37）—（39）中人称代词"나（我）""너（你）""그（他）"以及疑问代词"누구（谁）"都可以充当比较项。

（三）比较项是动词性名词成分

(40) 뛰는 것이 걷는 것보다 힘든다.（转引自史银姈 2003）

（跑比走累。）

(41) 말하는 것이 실천하는 것보다 쉽다.（转引自史银姈 2003）

（说比做容易。）

(42) 남편이 아내를 사랑하는 것은 세상을 사랑하는 것보다 더 어려운 일이니까요.（김홍식《우리가 살아가는 이유》）

（因为丈夫爱妻子是比爱世界更难的事情。）

(43) 좋은 약을 못 쓴 것보다 나쁜 약을 한번 쓰는 것이 몸에 더 해롭다.（《조선일보 2001 년 기사：사회》）

（比起不能用好药，使用不好的药对身体更加有害。）

由例（40）—（43）可以看出，韩语优比句中动词性成分不能直接做优比句的比较项，需要将其转化为名词性成分才可以进入优比句中。例（40）中的"뛰는 것（跑）"和"걷는 것（走）"是由动词"뛰다（跑）"和"걷다（走）"添加了"ㄴ/는 것"而来的。例（41）同样的情况。例（42）是由动宾短语"아내를 사랑한다（爱妻子）"和"세상을 사랑한다（爱世界）"添加了"ㄴ/는 것"转化为名词性成分继而来充当比较项。

(四) 比较项是形容词转化为名词的成分

(44) 낯섦보다 익숙함이, 익숙함보다 편안함이 앞선다. (오승희《연애의 발견》)

（熟悉胜过陌生，舒适胜过熟悉。）

(45) 사람의 만남에서 편안함보다 괴로움의 수반이 더 많았던 아버지의 마음이 스스로 만남을 닫아버렸던 것이다. (레이디경향)

（父亲在人际交往中，比起舒适感，更多的是伴随着痛苦，因此，父亲自己关闭了与人交往的心门。）

例(44)(45)中出现在比较项中的"낯섦（陌生）""익숙함（熟悉）""편안함（舒适）"都是由形容词"낯설다（陌生）""익숙하다（熟悉）""편안하다（舒适）"后添加了名词派生后缀"-ㅁ"派生而来的。由于形容词不能直接出现在差比句的比较项中，必须将形容词派生为名词才能进入差比句中充当比较项。

三 汉韩语优比句比较项句法特征对比

从充当汉韩语优比句的比较项的句法成分来看，两种语言有同有异。两种语言中表现出的最大的一致是比较项都可以由名词、名词短语和代词来充当。

汉语优比句中数量短语可以充当比较项，构成"一 M 比一 M + VP"的句式，但是在韩语优比句中，相对应的数量短语不能充当比较项，这是汉韩语优比句比较项的句法构成上存在的不一致现象之一。在汉语中，"一 M 比一 M + VP"这个句式的句法语义都比较特殊，不少学者对此展开过不同角度的研究。关于这个句式的语义，借鉴前人的研究，我们知道这个句式至少可以表达两种语义：递进义和遍指义。当"一 M"是时量词或动量词时，这个句式表达的是递进性差比义。这个句式表达遍指义时情况比较复杂，总体上来说，当"一 M"为名量词时，句式有时可以表达递进义，有时可以表达遍指义。刘长征（2005）认为当"一 M"为名量词时，它所指代的一般是事物的个体或集合（集合量词），只具有离散型特征，而不具有时间性特征，这时可以激活句子的遍指义。吴为善（2011）对当名量词充当"一 M"时，句子表达何种语义进行了更为细致的探讨。他认为名量词充当"一 N",在不同的句子环境中,可以表达不同的语义。如果句子的前后成分中,仍然可以体现出"量级序列",那么这个句式就可以表达递进义,而如果缺失了"量级序列"的话,那么这个句子就无法表达递进义,进而表达遍指义。在韩语优比句中,数量短语不能像汉语中的"一 M 比一 M + VP"一样充当比较项,因此韩语优比句不存在与此对应的句式。那么,在韩语中若要表达类似的语义时,采用何种句法结构呢?以下通过汉韩对译语料进行进一步考察。

(46) a. 国军的阵地<u>一天比一天</u>小。
　　　b. 국민당군의 진영은 날이 <u>갈수록/점점</u> 작아졌다.

(47) a. 咳嗽声<u>一声比一声</u>高。
　　　b. 그 소리는 <u>갈수록/점점</u> 커졌다.

(48) a. 这一乐长得<u>一天比一天</u>像你了。
　　　b. 일락이는 <u>점점/갈수록</u> 더 당신을 닮아간다.

(49) a. <u>一年比一年</u>胖,林芬芳就剪掉了辫子,留起了齐耳短发。
　　　b. 해가 <u>갈수록/점점</u> 살이 쪄더니 그 기러던 머리도 잘라서 귀 밑까지 바짝 치켜 올린 단발머리가 되었다.

例(46a)—(49a)中都是以汉语"一 M 比一 M + VP"的形式出现的,但是在韩语中没有相对应的由数量动词构成比较项的情况,因此在韩语中,一般在动词前添加副词表示"越来越……"语义的"점점"和"갈수록"来表达。副词"점점"的其中一个词典释义为"조금씩 더하다(程度逐渐加重)"。副词"갈수록"的词典释义为"시간이 흐르거나 일이 진행됨에 따라 더욱더(随着时间的推移或工作的进行,更是如此)"。由这两个副词的词典释义我们可以看出这两个副词可以表达"递进义"。

汉韩语优比句充当比较项成分又一不同点是汉语优比句的比较项在一定条件下可以由谓词性成分充当,而韩语优比句的比较项只能由体词性成分充当。汉语优比句中将某两种动作行为或状态进行比较时,谓词性成分可以直接出现在句中做比较项,而韩语是形态丰富的语言,谓词性成分只有先变成名词形后才能进入句中充当比较项。具体示例如下:

(50) a. 동생이 가는 것이 네가 가는 것보다 좋겠다.
　　　b. *동생이 간다가 네가 간다보다 좋겠다.

c. 弟弟去比你去合适。

从例（50a）、（50b）我们可以看出，韩语的动词或动词性短语等必须经过词形的变换，变成体词性成分之后才可以进入优比句中充当比较项，而例（50c）汉语优比句中可以看出，"弟弟去"和"你去"这两个动作行为进行比较时，词形和词性都无需发生任何变换可以直接进入差比句中。形容词同样如此，韩语优比句中形容词必须转化为名词性成分才可以充当比较项。

表3-1 充当汉韩语胜过差比句比较项语法成分的异同

比较项的构成成分		汉语	韩语
体词性成分	名词或名词性短语	+	+
	代词	+	+
	数量词短语	+	-
谓词性成分	动词	+	-
	形容词	+	-
	动词或形容词短语	+	-

在讨论优比句比较项的句法特征时，我们指出比较项之间要满足同类比较，即比较主体和比较基准两者首先要在语义类型上保持一致，在句法上最为典型的就是两者遵循"句法相同"的规则，以上我们讨论的是比较项句法语义都一致的情况。但是在实际的语言运用中，汉语优比句的比较项并非都遵循"句法相同"的规则。

(51) a. 人家终身大事，比赌钱要紧得多呢。（钱锺书《围城》）

b. 那种单纯的情切意乱，比诗人捻断数根须犹不能下笔还要忧心百倍。（林清玄《从容的底气》）

例（51）中，比较主体和比较基准的词性和句法构成都不一致，但仍可以形成比较。(51a) 中的比较主体"终身大事"是名词性短语，比较基准"赌钱"是动宾短语；(51b) 中比较主体"那种单纯的情切意乱"是名词性短语，比较基准"诗人捻断数根须犹不能下笔"是主谓短语。虽然比较项的词性和句法构成不同，但是仍可以进行比较，这主要是因为汉语中"只要两个事物或话题具有足够显然的共性，就可以进行比较"（许国萍，2007：123），谓词性成分也可以直接用作名词性成分。汉语优比句中句法相同只是比较项的表现形式之一，不是决定因素。在韩语优比句中，比较主体和比较基准必须同时是名词性成分，不能出现比较项句法构成不一致的情况。

第三节　汉韩语优比句比较项的语义特征对比

一　自比义和他比义

刘月华（1983）中指出了优比句的两种类型，一类是两个对象就同一个方面进行比较，另一类是同一事物在不同时间或不同处所情况有所不同。这两类常见的优比句类型主要是根据比较对象是否同一而进行划分的。我们可以将这两类优比句的比较项的语义概括为"他比义"和"自比义"[①]，"他比义"即比较项是两个不同的对象而展开的比较，"自比义"即比较项是针对同一事物的不同方面而展开的比较。例如：

（52）这座山比那座山高一些。（刘月华，1983）

（53）姐姐比妹妹能吃苦。（刘月华，1983）

（54）他现在比以前进步多了。（刘月华，1983）

（55）这孩子在幼儿园比在家表现好。（刘月华，1983）

例（52）中的比较项是"这座山"和"那座山"，这两个不同的对象针对"高度"这一共同属性展开了对比。例（53）中的比较项是"姐姐"和"妹妹"，针对"两者吃苦的程度"展开了对比。这主要是不同的比较对象针对某一属性而进行的比较，比较项具有他比义的语义关系。例（54）中的比较项是"现在"和"以前"，不管是现在还是以前，指的都是同一个主体"他"。这个例句中，比较主体"现在"常常可以省略，变为"他比以前进步多了"句子仍然成立。例（55）中的比较项是"在幼儿园"和"在家"，同样"在幼儿园"或是"在家"都是同一个行

[①] 金民庆（2017：26—27）也提到了比较项语义类型的"他比义"和"自比义"。他还提到萧国政（2000）曾根据比较项的性质不同，将比较类型分为他比、自比和标准比三种。金文中认为萧文混淆了他比、自比的分类标准和标准比的分类标准。

为者"这孩子"。我们认为例（54）中的"他"和例（55）中的"这孩子"都是"比较本体"。例（54）和例（55）都是针对同一对象的不同方面或者在不同的时间或者在不同的地点的某种行为展开对比，比较主体是同一的，比较项具有自比义。

同样，在韩语中，比较项也存在两种情况，一是具有他比义，即两个不同的比较对象进行比较。二是具有自比义，即同一个对象的不同方面进行比较。具体示例如下：

(56) 한 개인의 생명은 정권보다도 더 크다. [〈조선일보 칼럼(90)〉]

（个人的生命比政权更重要。）

(57) 진주만 기습 50 주년에 집착하는 강도는 미국보다 일본 쪽이 강한 것 같다. (〈조선일보 칼럼(90)〉)

（日本似乎比美国更执着于突袭珍珠港50周年这件事。）

(58) 눈길은 평소보다 2 배 이상 시간이 소요되고 등산로에서 벗어나는 경우도 있으므로 치밀한 계획이 필요하다. [〈조선일보 생활(93)〉]

（现在走雪路要比平时多花费2倍以上的时间，有时会偏离登山路，因此需要周密的计划。）

(59) 지금 찬찬히 보니 그녀는 예전보다 무척 살이 올라 있다. (권지예,〈꿈꾸는 마리오네뜨〉)

（现在仔细一看，她比以前胖了很多。）

例（56）、(57) 中的比较项是显示他比义的语义关系的。例（56）的比较项是"생명（生命）"和"정권（政权）"，例（57）的比较项是"일본（日本）"和"미국（美国）"，都是针对不同对象的某一方面而进行的比较。而例（58）、(59) 中的比较项是显示自比义的。例（57）中是将"雪路的难走程度"作为比较本体，将"现在"和"平时"分别作为比较主体和比较标准。例（59）中将"她"作为比较本体，将"现在"和"过去"作为比较项进行了对比。当对同一对象在不同时间的情况进行对比时，一般的话语环境下，句子通常会省略掉表示"现在"语义的比较主体，表示"现在"语义的比较主体经常会被省略，这主要是因为在一般的话语环境中，不用特别指明，听话者也清楚地明白说话者所处的时间就是"现在"。

二 同一认知域义和不同认知域义

认知域可以分为现实域和虚拟域,现实域是认知者现实生活的外在环境,后者是认知者自己构建的虚拟环境。现实存在的事物比较容易进行比较,即同时存在于现实域中的事物可以进行比较,因为现实存在的事物容易被人们感知并且认知分析。不仅如此,当比较基准是虚拟域的事物,即存在于认知者想象中的事物时,比较仍然可以成立。

比较主体和比较标准可以都是客观存在的,都存在于现实域。例如:

(60) 就给人的印象来说,<u>这座纪念碑</u>比布朗基本人的塑像更加强烈。(吴葆璋《马约尔和他的模特儿迪娜·韦埃尼》)

(61) <u>师资条件</u>比硬件条件对教育质量影响更大。

(62) <u>버리는 사람</u>이 줍는 사람보다 훨씬 많기 때문이다. (『조선일보 과학 (93)』) (这是因为扔的人比拣的人更多。)

(63) <u>공장 크기</u>도 잠실 축구장보다 크다. (『조선일보 2001 년 기사: 경제』) (工厂的面积比蚕室足球场大。)

例 (60) 的比较主体"这座纪念碑"和比较基准"布朗基本人的塑像",例 (61) 的比较主体"师资条件"和比较基准"硬件条件"都属于现实域中客观存在的事物。同样,例 (62) 中的比较主体"버리는 사람 (扔的人)"和比较基准"줍는 사람 (拣的人)",例 (63) 中的比较主体"공장 (工厂)"和"잠실 축구장 (蚕室足球场)"都属于现实域的客观存在。

当比较标准是表示主观想象义,只存在于语言交际者心目中,比较主体和比较标准存在于不同认知域内时,比较仍然可以进行。

(64) 到现在我还觉得,<u>那个黄昏</u>,好像比童年印象里哪天都暗都长,那种如临大敌的恐惧。(柴静《看见》)

(65) <u>柴静</u>比想象中瘦小,像个初二女生。(柴静《看见》)

(66) 만약 한라산이 다시 폭발하면 <u>생각</u>보다 피해가 클 수 있다. (『조선일보 과학 (93)』)

(如果汉拿山再次爆发的话,造成的损失会比想象中大。)

(67) 그 시절의 권선징악의 정도란 지금의 우리가 <u>상상하는 것</u>보다

훨씬 분명하고 잔혹했다 . (김영하『아랑은 왜』)

(那个时期惩恶扬善的程度比我们想象的要更明确和残酷。)

例（64）中的比较主体"那个黄昏"是存在于现实域中的，而比较客体"童年印象里的哪天"是存在于虚拟域中，两者存在于不同的认知域中。例（65）中比较主体"柴静"是存在于现实域中，而比较客体"想象中"是存在于虚拟域中。例（66）中比较主体"한라산（汉拿山）"存在于现实域中，而"생각（想象）"很明显不属于现实域，属于虚拟域中。两者也存在于不同的认知域中。例（67）中的"권선징악（惩恶扬善的程度）"是实际存在的，存在于现实域中，而"상상하는 것（想象中的）"则是存在于虚拟域中，两者不属于同一个认知域。

以上我们讨论了汉韩语优比句中比较项的语义类型，主要分为两类。一类是比较项分别表示他比义和自比义的情况，另一类是比较项属于同一个认知域中的情况和比较项属于不同认知域中的情况。虽然汉韩语优比句中比较项的句法实现手段不同，但是不同的句法实现手段可以表达比较项相同的语义类型。汉韩语优比句在比较项所表达的语义类型方面存在共性，这进一步表明中韩两国人民在对能够构成比较关系的两个事物的认知上存在着共性。

第四节　汉韩语优比句比较结果句法特征对比

两个对象的比较主要是就涉及这些对象间在数量、质量、程度以及频率上的比较。在语义上只要涉及一个对象任意方面的量，那么就可以将它与另一个对象对应的量进行比较。因此汉韩语优比句要满足量变的语义特征，这种量变可以体现为程度上可变的量域，也可以体现为数量上可变的量域。优比句的量变语义主要通过比较结果来体现。"量"的语义表达并不局限于某种特定形式，形容词是最为常见的形式。在一定的条件下，动词和名词也可以充当优比句的比较结果体现量变的语义，但是并不是所有的形容词、动词和名词都可以进入优比句中充当比较结果，在编码优比句的比较结果时，会受到语义上的限制。汉韩语优比句的比较结果呈现出不同的编码方式，两种语言有何异同正是我们这部分将要讨论的问题。

一　形容词充当比较结果
（一）汉语优比句中形容词充当比较结果

关于汉语形容词充当比较结果的研究前人大多根据形容词的语义分类有过研究，其中刘焱（2004）进行了较为全面细致的研究。刘文中分别探讨了哪些形容词可以充当优比句比较结果，哪些形容词不能充当比较结果。"要想显示程度差别、体现比较结果，形容词本身具有的程度性必须是一个可变的量域，即有一个弹性变化区间；不能是一个固定的量点，即没有弹性变化区间。"① 因此她指出只有相对性质形容词可以充当优比句的比较结果。

一般来说，汉语形容词可以分为性质形容词和状态形容词两大类。性质形容词前可以加"很"修饰表示程度，可以用"不"否定，大多能直接修饰名词，如"好""远""安定""仔细"等；状态形容词不能受程度副词修饰，不能带补语，不能受"不"修饰，如"雪白""通红""黄灿灿""古里古怪"等。朱德熙（1956）中将性质形容词又分为了"相对性质形容词"和"绝对性质形容词"。相对性质形容词的语义是模糊的，表示的性状具有连续性，可以显示强弱不等的程度，具有程度变化的弹性区间，而绝对性质形容词没有程度变化的弹性区间。因此，只有相对性质形容词可以充当优比句的比较结果。具体示例如下：

（68）初中生已从无意注意占优势变为有意注意占优势，他们的注意比小学生稳定、持久，具有较大的目的性和选择性。（CCL语料库）

（69）只是在他们那里，一切都比我们这里更明朗，更纯洁，也更合乎道德。（CCL语料库）

状态形容词虽也具有程度性，但是它的程度性是已固定的。状态形容词和绝对性质形容词都没有程度的弹性变化区间，因此不能充当优比句的比较结果。例如：

（70）＊小王比小李高高的。（转引自刘焱，2004：127）

---

① 刘焱：《现代汉语比较范畴的认知语义基础》，学林出版社2005年版，第126页。

(71) *这句话比那句话真。(转引自,刘焱 2004:128)

刘焱(2004)中认为绝对性质形容词不能出现在优比句的比较结果项中,主要也是根据朱德熙(1956)提出的绝对性质形容词在语法形式上不受程度副词的修饰,是因为它们没有量或程度的差别的观点。我们认为刘焱(2004)这种从形容词语义特征的分类的角度进行的讨论有一定的道理,但是关于朱德熙(1956)中将性质形容词分为"绝对"和"相对"两类的做法一直存在一些争议。朱德熙(1956)中列出的代表性的绝对性质形容词"真、假、错、横、竖、紫、温"中的"真、假"在言语环境中也可以受程度副词的修饰,具有程度变化的区间。田祥胜(2012)使用北京大学现代汉语语料库调查了朱德熙(1956)中列出的7个绝对性质形容词受程度副词"有点、比较、很、太、更、极、最"修饰的情况。通过分析他认为"真、假、错、紫"这四个词可以被不同等级的程度副词修饰。我们通过收集语料也观察到这些绝对性质形容词既可以受程度副词"更"的修饰,也可以进入优比句中充当比较结果。具体示例如下:

(72)杨现领表示,贝壳比原本的链家网更全面,又比外部的平台<u>更真</u>,为消费者提供的服务更好,决定了贝壳的生存空间。(人民网)

(73)而此次未成年人连分配年龄都不达标,也被获准购经适房,此做法几乎到了不用遮盖的地步,还有什么比这<u>更假</u>?(人民网)

(74)红心火龙果比普通火龙果颜色<u>更紫</u>,切开后更是呈现非常漂亮的深紫红色。(人民网)

将形容词根据语言单位的外在形式分为性质形容词和状态形容词两类,这种分类早已成为国内学者的共识。虽然传统的性质形容词和状态形容词的分类有其语义上的理据性,但是我们认为这种分类方式主要还是从形式搭配的角度划分的。如果能从语义角度展开考察形容词的量性特征并进行分类则更有利于我们理解优比句的语义。

优比句最为重要的一个语义特征就是体现比较对象两者之间的程度或数量差异,即体现两者之间的量性差别。量性特征是形容词最为重要的一个语义特征,主要表现在程度的高低。汉语形容词的量性特征受到语法学家的普遍关注(朱德熙,1956;石毓智,1992;张国宪,1993;

沈家煊，1995；李宇明，1996）。

张国宪（1996）、石毓智（1991、2001）认为形容词可以分为定量形容词和非定量形容词。总体来说，张文中界定的非定量形容词的范围大于石文。石毓智（1991）根据能够用"有点儿，很，最"三个程度词分别修饰的标准划分出了定量形容词和非定量形容词，他强调形容词在量上伸展的幅度。而张文重点关注的是形容词是否可以在量上伸展以及如何伸展，因此他界定只要形容词能够选择任意一个表客观量的程度词都可以被认定为非定量形容词。能够出现在优比句中的程度词有限，极量程度词"最、订、最为"虽然可以修饰非定量形容词，但是不能出现在优比句中，因此张国宪（1996）中对形容词的划分方法不适用于本书。

石毓智（2001）根据量性特征采用了程度词法将形容词分为定量形容词和非定量形容词。能够用程度词序列分别加以修饰的叫非定量形容词，可以加"不"或"没"否定，譬如"红、大、远、宽、长、亮、干净、困难、漂亮、勇敢"等；不能用该程度词序列分别加以修饰的叫定量形容词，都不能加"不"或"没"否定，譬如"粉、中、紫、褐、橙、疑难、雪亮、刷白、美丽、崭新"等。典型的形容词大都属于非定量形容词，如"老、静、平、热、歪、难、浅、厚、红、空、苦、嫩、亮、光、硬、直、远、安全、轻松、便宜"等。举个例子来说，形容词"老"可以被"有点"修饰，即"有点老"，可以被"很"修饰，为"很老"，也可以被"最"修饰，即为"最老"，因此"老"可以被列为非定量形容词。一个形容词必须能够被这个程度词序修饰才能称为非定量形容词，如果只是被其中某一个程度副词修饰，比如"尖端、新式、亲爱、中间"，仍不属于非定量形容词。石毓智（2003：19）指出非定量形容词都可以自由地应用于比较级中，比如"这棵树比那棵树大""这个房间比那个房间干净"。因为非定量形容词可以体现量性差异，所以当这类非定量形容词出现在优比句中充当比较结果时，可以体现优比句的量变的语义。

（75）你的那两张照片，都比在家时<u>胖</u>，我们看了也放心、高兴。（冰心《冰心全集第七卷》）

（76）这么点的孩子都比我<u>强</u>。（王朔《我是你爸爸》）

(77) 我觉得你比我合适。(王朔《我是你爸爸》)

(78) 不少旧军装的肩膀和领子还有刚摘下肩章和领章痕迹,那一小长方块比别处新。(王朔《看上去很美》)

例(75)—(78)中的"胖""强""合适""新"都属于非定量形容词。拿例(78)中"新"来说,可以说"有点新""很新""最新"。[+连续性]是非定量形容词最为典型的语义特征。因为正如前文所说,非定量形容词可以被一系列程度词修饰,程度词具有语义上的模糊性,两个程度之间不存在明确的界限和起始点,都是边界交叉的。拿例(75)中的形容词"胖"举例,无法明确区分"有点胖"和"很胖"之间明确的程度界限。

非定量形容词可以以光杆的形式出现在优比句中充当比较结果,其前可以加程度副词修饰,其后也可以加比较差值,更一步地说明比较对象之间存在的差异值。比较差值可以由具体数值充当,也可以由表示模糊义的量词短语充当。非定量形容词后还可以加程度补语。

首先我们先来讨论在优比句中非定量形容词前加程度副词的情况。程度副词可以分为表客观量的程度副词和表主观量的程度副词。表示客观量的程度副词适用于以某客观事物为参照的比较,常见的有"最、更加、更为、顶、更、比较、较、较为、稍微、稍、略微"等。表示主观量的程度词适用于以说话人心中的标准(主观)为参照作比较,常见的有"极、极为、极其、很、非常、挺、太、十分、有点儿"等。只有表客观量的程度副词可以出现在优比句非定量形容词前。表客观量的程度副词可以分为四个量级:微量、中量、高量和极量。由于优比句语义上的限制,只有微量程度词和高量程度词可以出现在比较结果非定量形容词前。

1. 客观微量程度词

表客观微量的程度词包括"稍微、略微、稍稍、稍为、稍"等,这些程度词可以出现在优比句非定量形容词前,并且要与"(一)点儿""(一)些"同现。例如:

(79) 这种印花比普通的邮票稍微大一点,当中一颗红心,两边各四个字:"万众一心"和"勿忘国耻"。(巴金《随想录》)

(80) 她有些同事比我们夫妇稍稍年长些，和她交往很熟。（杨绛《记杨必》）

2. 客观高量程度词

客观高量程度词常见的有"更加、更、更为、越加、越发、愈加"等，表示程度高。张国宪（1996：37）指出，这类程度副词对量的规定性是通过与另一事物的比较来把握的，并有其特定的预设：与之相比较的事物必须具有一定的同质程度。因此，这类程度词也适用于优比句中。

(81) 他比那两个孩子更尴尬更束手无策。（王朔《我是你爸爸》）

(82) 好久没听见你弹琴，想必比前越发长进了。（张爱玲《连环套》）

接下来我们再来讨论非定量形容词后跟表程度差异成分的情况。程度差异成分可以是具体或模糊的数值，也能以程度补语的形式表现出来。

1. 具体或模糊数值

(83) 一般来说，女生的生长发育加速期比男生早1—2年，女生身高的生长高峰期又比体重的生长高峰期要早1年。（CCL语料库）

(84) 因而，教育对年轻一代的发展所起的作用比对成年人的发展所起的作用更大一些。（CCL语料库）

2. 程度补语

(85) 初中生注意的分配能力也比小学生强得多。（CCL语料库）

(86) 是的，天柱山有宗教，有美景，有诗文，但中国历史要比这一切苍凉得多。（余秋雨《文化苦旅》）

当非定量形容词充当优比句的比较结果时，其前的程度副词"更/还"可以与其后的表程度差异的成分即后置补语成分同现，但在句法条件上存在限制。"更"只能跟模糊小量"一些"同现，而"还"既可以与模糊小量"一些"同现，也可以和具体数值即确定量同现。"更/还"都不能与模糊大量同现。这种句法条件限制主要是由前置程度副词与后置补语成分的语义和谐决定的。具体示例如下：

(87) a. 哥哥比弟弟更高。

b. 哥哥比弟弟更高一些。

c. *哥哥比弟弟更高五厘米。

  d. ＊哥哥比弟弟更高多了。
（88）a. 哥哥比弟弟还高。
  b. 哥哥比弟弟还高一些。
  c. 哥哥比弟弟还高五厘米。
  d. ＊哥哥比弟弟还高多了。

  在这一部分我们讨论了形容词作优比句比较结果的情况。优比句的语义特征要求充当比较结果的形容词要有量变的语义特征。量性特征是形容词最为显著的一个语义特征，可以据此分为定量形容词和非定量形容词。定量形容词有"中、疑难、崭新、雪亮"等，这类形容词的量是固定的，一般不存在程度变化的区间；非定量形容词有"大、长、宽、勇敢、漂亮"等，这类形容词具有量变的语义特征，并且其前能受程度词序列的修饰，因此也就可以出现在优比句中充当比较结果。非定量形容词后跟表示程度差异的成分，这些表示程度差的成分既可以以数值的形式出现，也可以做补语出现在优比句中的比较结果中。

（二）韩语优比句中形容词充当比较结果

  从语言类型学的角度来看，韩语并不属于形容词数量繁多的语言。如果将形容词分为动词型、名词型、动词—名词型、非动词—非名词型这几类，那么韩语形容词更接近动词型。韩语形容词的形态特征和动词一样可以通过添加语尾来活用。但是动词和形容词各自可以添加的语尾存在着一定的差异。比如形容词词干不能和"－ㄴ/는다，－는구나，－느냐，－는"等词尾结合，也不能与"－아라/어라"，"－자"等命令型和共动型的语尾连用。从句法的角度来看，形容词和动词一样都可以充当句子的谓语。形容词的语义特征是可以表示人或物的性质或状态。

  韩语形容词根据不同的标准有不同的分类方法。具本宽（구본관，2015）指出形容词分类最为普遍的方法是可以分为指示形容词（지시형용사）和性状形容词（성상형용사），主观性形容词（주관성형용사）和客观性形容词（객관성형용사）。指示形容词可以再次指示前面出现的形容词，如"그러하다（那样），아무러하다（怎样），어떠하다（什么样）"等，性状形容词则是指体现性质或状态的一般形容词，例如"달다（甜），고프다（饿），붉다（红）"等。性状形容词一般都具有［＋程度

性]的语义特征，可以充当优比句的比较结果。例如：

(89) 메아리는 내 목청보다 듣기 좋았고, 거기서 올려다보는 하늘은 지상에서 보는 것보다 훨씬 <u>가까웠다</u>. (최인석,〈이상한 나라에서 온 스파이〉)

（回声比我的嗓音听起来好听，在那里仰望的天空比从地上看到的更近。）

(90) 새들은 암컷보다 수컷이 더 <u>예쁘다</u>. [이규태,〈CD‐ROM 으로 보는 이규태 코너 (과학/식물)〉]

（雄性鸟比雌性鸟更好看。）

(91) 충동은 분별력보다 <u>빠르다</u>. (이승우,『식물들의 사생활』)

（冲动比辨别力更快。）

(92) 그의 얼굴은 생기에 가득 차 있고 주머니는 보통때보다 한결 <u>따뜻하다</u>. (이어령,『현대인이 잃어버린 것들』)

（他的脸上充满了生机，口袋比平时更干净。）

性状形容词之前还可以受程度副词的修饰，"가장（最）"和"제일（最）"是表示极量的程度词，不能出现在优比句性状形容词前。可以出现在性状形容词前的程度词有表微量的程度词"조금/좀（一点）"，表高量的程度词"더（更）""훨씬（更加）""아주（很）"等。

(93) 가죽과 모를 동시에 가공한 모피 의류는 가죽옷보다는 <u>조금</u> 비싸다. (『조선일보 경제(94)』)

（皮毛加工的毛皮衣服比皮衣贵一些。）

(94) 이번 기말고사는 평소보다 <u>좀</u> 쉬웠던 것 같아. (표준국어대사전)

（这次期末考试要比平时简单一些。）

(95) 과거 동독 지역의 경제는 통일 당시의 예상보다 <u>훨씬</u> 심각하다. (『조선일보 칼럼(91)』)

（过去东德地区的经济情况比统一当时预想的要严重得多。）

(96) 오후 행사는 오전보다 <u>훨씬</u> <u>더</u> 푸짐했다. (『조선일보 과학(94)』)

（下午的活动比上午更加丰富。）

性状形容词前可以出现程度差异成分，程度差异成分用来表示两个比较对象在某个属性上存在的差异量度。在韩语中，程度差异成分主要是由数值名词来充当，出现在性状形容词之前。汉语优比句中比较结果非定量形容词后可以加程度补语，但是韩语中不存在补语①这一句法形式，对应的韩语是用程度副词来表达。出现在韩语优比句性状形容词前的数值名词一般是具体的数值，比较结果表示两个比较对象之间存在着精确量的差异。在优比句中能与数值名词共现的一般是量度形容词。例如：

(97) 우리 아들은 작년보다 5cm 더 컸다.

（我儿子比去年还长高了5cm。）

(98) 내 동생은 그녀보다 백 배는 예뻤다.

（我妹妹比她漂亮一百倍。）

例（97）中"크다（高）"前程度副词"더（还）"可以与确定量"5cm"同现。在前文我们对汉语优比句中程度副词的同现问题的分析中，我们发现只有"还"可以和具体数值即确定量同现，而"更"不能与确定量同现。因此这类韩语句式在翻译为汉语时，"더"只能翻译为程度副词"还"而不能译为"更"。

二　动词性成分充当比较结果

优比句必须满足［＋差异性］、［＋程度/数量变化］的语义基础，在汉韩语中，优比句的语义主要通过比较结果来体现。从语义的角度来说，汉韩语优比句对比较结果是有语义要求的，一般来说要满足［＋差异性］、［＋程度/数量变化］的语义特征。由于动词的基本语义并不表程度义，因此动词若要进入优比句中充当比较结果，要受到一定的语义或句

---

① 应该区分此处所说的汉语中的"补语"和韩语中的"보어（补语）"。汉语中的"补语"成分指跟在动词或形容词后面的连带成分，补充说明述语的结果、程度、趋向、可能、状态、数量等。补语与述语之间是补充与被补充，说明与被说明的关系。韩语中也有"보어（补语）"这一句法成分，韩语中的"보어（补语）"是句子不可省略的必需成分。主要是指表示转成的事物或被否定的事物。例如：나는 학생이 아니다（我不是学生）；얼음이 물이 되었다（冰化成了水）。虽然在汉韩语中都有"补语"这一句法成分，但是两者在句中的功能是完全不一样的，也不存在相互对应的关系。

法限制。汉韩语中动词性成分充当比较结果时，两种语言会呈现出不同的编码方式，即存在句法形式的共性也各自存在个性。

（一）数量动词充当优比句比较结果的语义特征及句法形式

在汉韩语中共同存在着一类表示数量增减的动词即数量动词，如汉语中的"增加/减少"，韩语中的"늘다/줄다"等动词。这类动词的词典释义就有在数量上比既定标准有所变化的意思，即具有［＋数量变化］的语义特征，因此这类动词可以进入优比句中充当比较结果。通过分析汉韩语例句我们发现，具有［＋数量变化］语义特征的动词充当优比句中的比较结果是必要条件，但不是充分条件。首先我们选取汉语中的"增加/减少"，韩语中的"늘다（增加）/줄다（减少）"这两对具有［＋数量变化］语义特征的代表性动词来考察以下汉韩语优比句：

(99) a. 唐小姐跟苏小姐的来往也比从前<u>减少了</u>，可是方鸿渐迫于苏小姐的恩威并施，还不得不常向苏家走动。（钱锺书《围城》）

　　　　b. 今天我国的平均寿命已经超过七十岁，比解放前<u>增加了一倍</u>。（季羡林《老年谈老》）

(100) a. 2002년 농업생산량도 2001년보다 <u>82% 늘었다</u>．（동아일보 2003년 기사：국제 외신）

　　　　（2002年农业生产量也比2001年增加了82%。）

　　　　b. 개울물은 밤새 빠져서 어제보다는 <u>많이 줄었</u>지만……（박상규，『고향을 지키는 아이들』）

　　　　（溪水整夜退去，比昨天减少了很多。）

分析以上例句可知，无论是在汉语中还是在韩语中，具有数量变化义的动词充当比较结果时，一般都不会以光杆动词的形式出现，都要跟表示具体差异数值或模糊差异结果的词语共同出现。这是汉韩语优比句中动词充当比较结果时显现出的共性。但是由于汉韩语语序类型和所属语言类型的不同，两者在具体的句法表达上又存在一定的个性差异。

1. 汉语［＋数量变化］义的动词充当比较结果的句法形式

首先我们通过例句考察分析汉语中具有［＋数量变化］义的动词充当优比句比较结果时的句法实现形式。前文中指出，在汉语中，表示数

量变化义的动词一般不会以光杆动词出现,若以光杆动词的形式出现,句子不合语法。例如:

(101) *今年比去年增加。

(102) *我的体重比上个月减轻。(刘焱,2004:131)

只有当表示数量变化义的动词后面出现表示差异结果的词语时,优比句才可以成立。任海波(1987:96)指出,这些表示变化义的动词后面一般要有后附成分,或者是"了",或者是数词或数量短语,或者是"了"加数词或数量短语。例如:

(103) 迷叶收完,天天刮着小风,温度比以前降低了十几度。(老舍《猫城记》)

(104) 唐小姐跟苏小姐的来往也比从前减少了。(钱锺书《围城》)

(105) 过去听说日本帝国主义残暴,现在亲眼目睹的残暴比她听到和能想象到的超过万倍!(王火《战争和人》)

以上例句中,例(103)中的"降低了十几度"采用了"动词+了+数量短语"的后附成分,例(103)中的"减少了"采用了"动词+了"的后附成分,例(105)中"超过万倍"是采用了"动词+数量短语"的后附形式。

传统观点中认为动词后宾语前的"了"表示事件"完成"的状态,金立鑫(1998:106)指出"了"是表示"完成—延续"的体标记,位于句尾的"了"是表示"事件实现后的状态延续到某一参照时间"的时体混合标记。因此在例(103)、(104)中,无论"了"是体标记还是时体混合标记,跟在表示数量变化义的动词后面都可以表示变化义的动作完成,状态持续。动词后的数词或数量短语体现了相对差异量度。这两种方式都可以使差比句中的比较结果具有[+差异性]、[+数量变化]的语义特征。当数量短语出现在动词之后做后附成分时,它在句中做谓语动词的补语。

当优比句中比较结果由性质形容词充当时,其前可以加程度副词"更/还"表示程度进一步加深。但是当比较结果由表示数量变化义的动词充当时,前面一般不出现程度副词。这是因为这类动词表达的变化语

义是一种定向的变化,如从少到多的变化,从高到低的变化等①,而不是表示程度的变化。具体示例如下:

(106) 我的书显然比刚来武汉时增加了。(任海波,1987:96)

　　? 我的书显然比刚来武汉时更增加了。

　　? 我的书显然比刚来武汉时还增加了。

2. 韩语 [+数量变化] 义的动词充当比较结果的句法形式

在韩语中,表示数量变化义的动词同样可以进入优比句中充当比较结果。与汉语情况类似,此类动词作谓语充当比较结果时,也不能以光杆动词的形式出现,动词前一般需要出现数词或副词来修饰这些数量动词。例如:

(107) 그 결과 증명서 무료 발급을 시작한 이후 월 평균 재활용품 수집량이 이전보다 2.5 배 가량 늘었다. [조선일보 과학 (94)]

　　(开始免费发放结果证明书后,月平均回收用品的收集量比以前增加了 2.5 倍左右。)

(108) 취득금액은 117 억원으로 전월의 188 억원보다 38% 줄었다. (동아일보 2002 년)

　　(取得金额为 117 亿韩元,比前一个月的 188 亿韩元减少了 38%。)

(109) 한 달 동안 계속된 장마와 이상저온으로 해수욕장 이용객들이 평년보다 크게 줄었으나 …… [조선일보 과학 (94)]

　　(由于持续一个月的梅雨和异常低温,海水浴场客流量比往年大幅减少。)

(110) 인간의 출생률은 그 사망률보다도 훨씬 더 증가해 가고 있습니다. (이어령,『현대인이 잃어버린 것들』)

　　(人类的出生率比死亡率还在增加。)

(111) 만다린을 쓰는 부부가 지난 91 년 조사 때보다 겨우 1% 늘었을 뿐이다. (우리교육 중등용 95 년 1 월호)

　　(使用普通话的夫妇仅比 1991 年调查时增加了 1%。)

---

① 任海波:《现代汉语"比"字句结论项的类型》,《语言教学与研究》1987 年第 4 期。

分析以上例句可知，韩语优比句中表示数量变化义的动词前面可加数词、数量短语、副词等，在句中充当谓语的状语成分。例（107）中"2.5배 가량（2.5倍左右）"是表示模糊数量的短语，例（108）中"38%"是准确的数值。例（109）、（110）中的"크게（大幅）""훨씬 더（更加）"都是表示程度的副词，例（111）中副词"겨우（仅仅）"修饰数词"1%"，在动词前起限制和修饰的作用。在韩语优比句中，"훨씬（更加）""더（更）"等程度副词可以出现在表示数量变化义的动词前，修饰和限制动词。这主要是因为韩语中的"더（更）"作为副词，不仅有程度加深义，也有数量增加义。

以上我们分析了在汉韩语中，表示数量变化义的动词都可以做优比句的比较结果，但又一般不会以光杆动词的形式出现，要加表示数量差异的词语。在汉语中，表示差异的方式有两种，一是在动词后加数词或数量短语，在句中充当补语成分；二是加时体助词"了"。在韩语中，表示差异的方式主要是通过在动词前加数词、数量短语或副词，这些附加成分在句中充当状语。汉语优比句中，副词"更/还"一般不能出现在表示数量变化义的动词前，而韩语差比句中，副词"더（更）"可以出现在表示数量变化义的动词之前。

（二）心理动词充当优比句比较结果

在动词中，有一类可以描写人的情感情绪的心理动词，这类动词可以受程度副词的修饰，表示人的情感情绪有程度上的差异，因此这类词也可以进入差比句中充当比较结果。董秀梅（1991：116）指出："心理动词在语义上，都是描写情绪情感的，有十分强烈的感情色彩。在语法上，多能带宾语（区别于象'绝望、兴奋'等表情感的形容词），能受程度副词修饰（区别于一般动词）……人的情感情绪就有了程度上的差异，表现在语法上，这类动词能受程度副词修饰。"从董秀梅（1991）这段论述中可知，正因为这类心理动词可以显示程度上的差异，因此可以进入优比句中充当比较结果。在韩语中，同样也存在一类心理动词，它们具有［＋程度性］的语义特征，也可以进入优比句中充当比较结果。那么当心理动词充当比较结果时，汉韩语分别采用何种句法形式呢？以下我们通过例句分别来考察。

1. 汉语［+程度变化］义动词充当比较结果的句法形式

周有斌、邵敬敏（1993）中提出，心理动词可以进入优比句中形成"主（人）+比+O+更+心理动词+宾①"的句型模式。例如：

（112）我比他<u>更喜欢</u>吃大米饭！

（113）眼下，小王比小张<u>更想</u>家。（周有斌、邵敬敏，1993）

以上的两个例句中使用的心理动词分别是"喜欢"和"想"。按照上文中列出的句型模式，心理动词进入优比句做谓语时，一般后面要加宾语，前面用程度副词"更/还"修饰。心理动词跟其他类型的动词不一样，能受"很"的修饰，在这一点上跟形容词的性质很接近（周有斌、邵敬敏，1993：33）。

（114）我知道他们比穷人<u>更相信</u>命运，比穷人<u>更爱惜</u>生命。（莫言《蛙》）

（115）城里人比乡下人<u>更喜欢</u>扎堆儿看热闹。（贾平凹《高兴》）

（116）她们会想方设法使马锐觉得她们比爸爸<u>更爱</u>他<u>更关心</u>他。（王朔《我是你爸爸》）

例（114）—（116）的比较结果都使用了"相信""爱惜""喜欢""爱""关心"等心理动词。这类动词都是及物动词，因此后面都可以加宾语，前面都可以用程度副词"更"来修饰。例（114）、（115）、（116）中的比较主体和比较基准分别是"他们/穷人""城里人/乡下人""他们/爸爸"，都是表人的名词或代词。同时心理动词做句子谓语时，句子主语必须是表人的名词或代词。那么由此可知，当心理动词充当比较结果时，优比句的比较主体必须是表人的名词或代词，这主要是由心理动词的语义特征决定的。

2. 韩语［+程度变化］义的动词充当比较结果的句法形式

在韩语中同样也存在着一类具有程度变化义的心理动词。在这里，我们主要讨论韩语心理动词中的一类，即由"心理形容词+어 하다"派

---

① 周有斌、邵敬敏（1993）"主（人）"是指主语只能是表人的名词或与其相当的代词，不能是表物的名词，更不能是其他。

生而来的心理动词，主要有"좋아하다（喜欢）""미워하다（讨厌）""기뻐하다（开心）""즐거워하다（开心）"、"귀여워하다（疼爱）"等表示心理情感类的动词。当这类动词出现在优比句中充当比较结果时，动词前面一般要加程度副词"더（更）"来起到强调程度变化的作用。例句如下：

(117) 할머니는 새댁보다 더 기뻐했습니다．（김주현,『종이 먹는 개로로』）

（奶奶比新媳妇更开心。）

(118) 누나는 늘 기분이 좋은 편이었지만 그날 밤에는 술기운 때문인지 아니면 진짜 배우가 될 희망이 보여서였는지는 몰라도 어쨌든 평상시보다도 훨씬 더 즐거워하는 듯싶었다．（안정효,『헐리우드키드의 생애』）

（姐姐虽然一直心情很好，但不知道是因为那天晚上酒劲还是因为看到了成为真正的演员的希望，总之好像比平时更开心。）

例（117）、（118）中的谓语部分都使用了心理动词"기뻐하다（开心）""즐거워하다（开心）"充当比较结果，由于这些心理动词都具有[+程度性]的语义特征，因此其前也可以加副词"더（更）""훨씬（更加）"来修饰。

以上我们选取了汉韩语中具有代表性的心理动词，探讨了当它们充当优比句的比较结果时，各自的句法表现形式。汉韩语心理动词充当比较结果时，其前都可以加程度副词"更"或"더（更）"。这说明在汉韩语中，心理动词和形容词的性质很接近，这是两种语言之间存在的共性。由于心理动词表示的是人的心理情绪，因此充当句子谓语时，汉韩语差比句的主语必须是表人的名词或代词。同时，我们也发现，在汉语差比句中心理动词充当比较结果时，一般必须要带宾语，而在韩语中，心理动词即使不带宾语也能成立。

（三）一般动词充当优比句比较结果

一般动词或动词短语也可以进入优比句充当比较结果。前面我们提到，优比句的比较功能是由比较结果来充当的，而一般的动词或动词短语是不具备[+差异性]的语义特征的，那么当一般动词或动词短语充当句子谓语成分时，句子的优比语义主要是通过动词或动词短语前后附带的一些表程度或度量的成分来担任。以下我们具体分析在汉语和韩语中，表示一般行为的动词或动词短语都是通过哪些编码手段来充当优比句的比较结果的。

1. 汉语中一般动词的实现途径

（1）形容词+动词性成分

当一般动词充当优比句的谓语成分时，优比句的语义可以通过充当状语的形容词来体现。这里指的形容词一般是"早""晚""多""少"等表示动作行为发生的时间先后的性质形容词以及"好""难""容易"等表示实现动作行为的难易程度的性质形容词，它们可以充当动词性成分的修饰语。这些形容词本身就有程度性，因此可以体现优比句的语义特征，其修饰的动词性成分也就可以充当比较结果。例如：

（119）若是我比你<u>早生</u>二十年，那还许不要紧。（张爱玲《沉香屑第一炉香》）

（120）她比杜秋妹<u>晚到</u>一会儿，也是连夜赶了几十里路。（莫言《售棉大路》）

（121）拿她同家霆比一比，无论如何，儿子的事总比太太的事<u>好办一些</u>。（王火《战争和人》）

（122）不成熟的煤炭比牛粪<u>难烧许多</u>，比狼粪烟还大。（严歌苓《陆犯焉识》）

（123）这个十五岁的男孩，显然比我<u>更早发现</u>冯玉青身上散发出来的诱惑。（余华《在细雨中呼喊》）

例（119）—（123）中句子谓语为动词"生""到""办""烧""发现"，这些动词如果前面不加形容词的修饰，是不能出现在优比句中充当比较结果的。但由于"早""晚""好""难"这类性质形容词本身具有程度性，因此可以修饰一般动作动词，充当优比句的比较结果成分。这类单音节形容词比较容易直接修饰动词做状语，也可以加上"更"或"还"来修饰动词短语。这些带有形容词修饰语的 VP，如例句中的"早生""晚到""好办""难烧"等后面可以添加具体/模糊数值或不定成分等表示程度或数量差异。

双音节形容词也可以出现在动词性成分前表示动作的方式或状态。

朱德熙（1956）指出：双音形容词加上"地"（或写作"的"）之后可以自由地做状语。在优比句中，双音节形容词修饰动词性成分做比较结果时，往往采用"更/还＋双音节形容词"的形式。例如：

（124）他比我更直接地说出事情的真相。

＊他比我直接地说出事情的真相。

（125）张民比弟弟更痛快地喝下了这杯酒。

＊张民比弟弟痛快地喝下了这杯酒。

（126）他比真正的日本人还残忍地对待工人。（刘焱，2004 140－141）

＊他比真正的日本人残忍地对待工人。

例（124）—（126）中采用了双音节形容词"直接""痛快""残忍"来修饰其后的动词性成分，充当句子的状语。在优比句中，当双音节形容词修饰后面的动词性成分时，其前必须添加副词"更/还"来表明动作的程度性。

（2）助动词＋动词性成分①

助动词也可以进入优比句出现在比较结果的动词性成分前面。有三类助动词可以加在动词性成分之前，第一类是比较某一动作、行为的能力的，如能、会；第二类是比较某一行为、行为的意愿的，如敢、肯、愿意、情愿。能力有大小之分，意愿有强弱之别，因此这类能愿动词具有量域和程度变化区间，可以进入优比句中充当比较结果。例如：

（127）他的女人秀绒，文化不高，体魄壮健，常常显示出比他（更）能吃苦，挣得队里妇女们的头等工分，又养猪养鸡。（陈忠实《绿地》）

（128）我抱怨城里人比乡下人（还）会过日子，怎么破了旧了的东西就舍不得扔？（贾平凹《高兴》）

（129）在地上劳动他是愉快的，比年轻人（还）肯卖力。（韩少功《西望茅草地》）

以上三个例句中分别使用了能愿动词"能""会""肯"，由于这类

---

① 以下关于三类可以进入优比句的论述具体参考了刘焱《现代汉语比较范畴的语义认知基础》，学林出版社2004年版，第141页。

动词本身就具有程度变化区间，即使不添加程度副词"更/还"，句子仍然能表示［+差比］语义。

第三类是比较某一动作、行为的客观情态的，如该、应该、应当等。由于这类助动词的语义不具有程度变化的区间，因此必须带程度副词"更/还"才可以充当优比句的比较结果。以下我们通过例句具体分析。

（130）在现在政府大讲精神和物质文明的时候，我觉得污染环境比随地吐痰更应当重重处罚！（冰心《冰心全集》第7卷）

（131）后来才知道，很多人不但和她一样，甚至比她更应该受到惩罚。（张洁《无字》）

以上例句中使用了助动词"应当""应该"加动词性成分的形式来充当优比句的比较结果，并且前面都添加了程度副词"更"来显示程度性。

（3）动词性成分+性质形容词

动词性成分后也可以添加形容词，主要是由具有程度变化语义特征的性质形容词充当，充当优比句的补语成分。例如：

（132）拉起车来，他还比一般的车夫跑得麻利，可是他不再拼命的跑。（老舍《骆驼祥子》）

（133）我发现，一个人带孩子往往比两个人带得好，哪怕那是较为笨拙的一方。（周国平《妞妞》）

（134）满喜有个顽强性，跟在黄大年后边见黄大年一杈挑过去的地方比他挑得宽一倍，他有点不服劲……（赵树理《三里湾》）

（135）我这屋子里，究竟比别人屋子里陈设得好一些。（张恨水《夜深沉》）

例句中的性质形容词"麻利""宽""好"等都具有程度变化义的语义特征，跟在动词后面构成"V得A"的动补短语形式。"V得A"这一形式充当优比句的比较结果时，如例（134）、（135）所示，其后还可以带"一倍""一些"等表示程度或度量的成分。

（4）有+抽象名词

汉语优比句中"有+抽象名词"这类动宾短语可以充当比较结果。这类动宾短语具有［+偏移］的语义特征，作用相当于一个形容词，其前可以带程度副词"更/还"，其后也可以带程度补语。例如：

（136）两个人在一起总比一个人<u>有办法</u>，我们从前不是常常这样说吗？（巴金《家》）

（137）洋人来西京必去大雁塔，他就出售画作，尤其是册页，一个小小册页就数百十元，他是一天能画四五册页的，卖出的画大雁塔管理所得五成，他得五成，这就比一般画家<u>有钱</u>得多。（贾平凹《废都》）

（138）项王在这些地方却比刘邦更<u>有仁者之心</u>了。（郭沫若《楚霸王自杀》）

（139）老厨子又说："哪有的勾当，姑娘家家的，打起水来，比个男子大丈夫还<u>有力气</u>。"（萧红《呼兰河传》）

例（136）—（139）中充当比较结果的都是"有+抽象名词"。如例（136）中的动宾短语"有办法"，例（137）中的"有钱"，例（138）中的"有仁者之心"，例（139）中的"有力气"。例（139）所示，动宾短语"有力气"之后可以加程度补语"得多"，例（138）、（139）比较结果之前可以加程度副词"更/还"。

表示模糊数量的数量短语"一点儿""一些"也可以出现在"有+抽象名词"充当的比较结果中，但是与其他类型充当比较结果不同的是，"一点儿""一些"往往要放在抽象名词前做定语。例如：

（140）老张的看法比他的有<u>一些道理</u>。（刘月华，2004：838）

（141）他比他哥哥<u>有点儿眼光</u>，看得出办这类公司的前景。（刘月华，2004：838）

2. 韩语中一般动词的实现途径

在韩语中，一般动词若要充当比较结果成分，有三种实现途径：一是其前必须添加表示程度义的副词。由于韩语属于左分支语言，所有的修饰成分都在谓语的左边；二是在动词后加惯用型"-ㄹ 수 있다""-고 싶다"；三是抽象名词+있다的形式出现。这三类形式同样可以使动词性成分具有［+变化］的语义特征充当优比句的比较结果。

（1）副词+动词

在韩语优比句中，可以出现在动词性成分前的副词有"일찍""더""잘"等。这些副词具有程度性，可以修饰限制动词性成分，其前可以加数量成分。例如：

(142) 오르는 종목의 경우 남들보다 늦게 사서 남들보다 일찍 팔아야 한다. (『월간중앙 4 월호』)

(如果是上涨的项目，就应该比别人晚买，比别人早卖。)

(143) 원서가 번역서보다 더 잘 팔린다. (『한국일보, 문화 (97)』)

(原书比译本卖得更好。)

(144) 청에서 근무하는 국·과장이 부·처·위원회 공무원보다 <u>1 개월가량 더</u> 근무하고 있다. (『월간중앙 5 월호』)

(在厅工作的局长、科长比副处、委员会公务员多工作 1 个月左右。)

(145) 어쩌면 바깥의 변화가 실제보다 <u>훨씬 더 크게</u> 보이는 것일지도 모르지만…… (『조선일보 2002 년 기사: 문화』)

(或许外面的变化比实际看起来更大。)

例句中都使用了副词来修饰限制其后的动词，使动词性成分也具有了程度变化义。程度副词前还可以添加数量名词来表示具体的差异。

(2) 动词 + 惯用型

在韩语优比句中，动词后加惯用型 "-ㄹ 수 있다" "-고 싶다" 等可以充当比较结果成分。这类惯用型可以加在动词后面充当优比句的比较结果主要由于 "-ㄹ 수 있다" 跟在动词后可以表示变化的可能性的语义，"-고 싶다" 可以表示愿望的语义，表示说话人的主观意志，具有主观性。例如：

(146) 다만 증시침체로 주가가 하락할 경우 유상증자한 신주가 공모가격보다 <u>내릴 수도 있다</u>. (『한국일보, 경제 (96)』)

*다만 증시침체로 주가가 하락할 경우 유상증자한 신주가 공모가격보다 <u>내린다</u>.

(但是，如果股价因股市低迷而下跌，有偿增资的新股可能会低于公开发行价格。)

(147) 요즘 아이들은 의사니, 판사니 하는 것보다 연예인이 <u>되고 싶어 한다구</u>. (차현숙,『나비, 봄을 만나다』)

*요즘 아이들은 의사니, 판사니 하는 것보다 연예인이 <u>된다구</u>.

(现在的孩子们比起医生、法官，更想当艺人。)

(3) 抽象名词 + 있다

韩语优比句的比较结果还可以由"抽象名词 + 있다"充当。抽象名词 + "있다"构成的短语一般可以表示具有程度差异的某种属性。程度副词"훨씬""더"等也可以出现在抽象名词前程度差异的大小。具体示例如下：

(148) 한달 사이에 0.9%나 올랐다는 것이 1년 동안에 5.1% 올랐다는 것보다 훨씬 의미가 있다. (한국일보사, 『한국일보 96 – 02 사설』)

(一个月内上涨 0.9% 比一年之内上涨 5.1% 更有意义。)

(149) 이것은 하라고 시키는 것보다 훨씬 효과가 있다. (좋은생각, 『좋은생각 2000년 8월호』)

(这个比命令着做更有效果。)

(150) 원장의 목소리는 목사님의 그것보다도 더 윤기 있었다. (채희윤, 『한평 구홉의 안식』)

(院长的声音比牧师更亮。)

(151) 역시 많은 판본들이 이 방식을 택하고 있는데, 이는 첫번째 방식보다 훨씬 흡인력이 있다. (김영하, 『아랑은 왜』)

(还是有很多版本选择这种方式，这比第一种方式更有吸引力。)

以上我们分析了在汉韩语优比句中，一般动词充当比较结果的实现途径。由于一般动词都不具备 [＋变化] 的语义特征，因此一般动词若要充当优比句中的比较结果，一般要通过添加具有程度变化义或主观语义的附加成分来使整个动词性成分具有 [＋变化] 的语义特征。在汉语优比句中，我们总结了四种一般动词充当比较结果的实现途径，分别是：形容词 + 动词；助动词 + 动词；动词 + 非定量形容词；有 + 抽象名词。韩语差比句中主要有三种编码方式，分别是：副词 + 动词；动词 + 惯用型；抽象名词 + 있다。在汉语中，非定量形容词跟在动词之后形成"V 得 A"的形式充当整个句子的补语成分。由于韩语是左分支语言，汉语中的补语成分对应的仍是韩语中的"副词 + 动词"的形式。

表3-2　动词性成分充当汉韩语优比句比较结果的个性与共性对比

		韩语	汉语	
数量动词	编码形式	数词/数量短语+数量动词 副词+数量动词	数量动词+数词/数量短语 数量动词+了	
	句法限制	副词"더"可以出现在数量动词前	"更/还"不能出现在数量动词前	
心理动词		主（人）+O+보다+程度副词+心理动词	主（人）+比+O+更+心理动词+宾语	
一般动词		副词+动词	形容词+动词性成分	单音节性质形容词+动词性成分
				双音节形容词+动词性成分
			动词性成分+性质形容词	
		动词+惯用型	助动词+动词	
		抽象名词+있다	有+抽象名词	

三　名词充当比较结果

以上我们讨论了在汉韩语优比句中，形容词和动词充当比较结果的情况，比较结果一般由谓词性成分充当，这是两种语言具有的共性。通过考察具体的语言事实，我们发现，优比句中名词也可以充当比较结果。以下我们将详细讨论在汉韩语中具有哪些语义特征的名词可以充当优比句的比较结果成分。

（一）韩语优比句中名词充当比较结果

名词充当优比句的比较结果一般是以"名词+이다"的形式充当整个句子的谓语。在韩语中，关于"이다"的词性和归属问题一直是学界讨论的热点问题。教学语法中，一般将"이다"看作是叙述格助词（서술격조사），但是目前学界也有很多争论，学者们都有各自的主张，如우순조（吴顺兆）（2005）主张"이다"是主格助词，임홍빈（任洪彬）（2005）认为"이다"属于形容词，시정곤（习政坤）（2005）主张"词缀"说，认为"이다"属于词缀。在这里关于"이다"的词性问题不是

我们关注的重点,我们首先简略地讨论当"이다"的先行要素是体词性成分时,"이다"句的句法语义特征。一般来说,在韩语一般陈述句中"体词+이다"充当句子谓语是很常见的形式,这类句子主要是以"NP1 이 NP2 (이) 다"的形式出现。남기심(南基心)(1986)中将"이다"句分为三类,分别是"분류문(分类句)""유사 분류문(类似分类句)""비분류문(非分类句)"。例句如下:

(152) 고래가 포유동문이다. (분류문) (鲸鱼是哺乳动物。)
(153) 침묵이 금이다. (유사 분류문) (沉默是金。)
(154) 동쪽이 산이다. (비분류문) (东边是山。)

남기심(1986)指出,类似例(152)的句子中,"고래(鲸鱼)"和"포유동물(哺乳动物)"的语义之间是上下位的关系,通常 NP2 是上位义词语,NP1 是下位义词语,两者不能交换语序,否则句子不成立。例(153)称为类似分类句,从句式上看与分类句例(153)相似,但是 NP1 和 NP2 语义之间并不存在上下位的关系,两者之间存在着词汇上的隐喻关系,将"沉默(침묵)"通过隐喻的方式比喻为"金子(금)"。例(154)被称为"非分类句",与一般的分类句不同,这个句式可以变化为"동쪽의 산(东边的山)"或者是"동쪽에 산이 있다. (东边有山)",并且 NP1 和 NP2 之间没有语义关联。

在韩语优比句中名词充当比较结果的现象相对比较广泛,김종복(2011:204—205)中详细考察了哪些名词可以进入差比句中充当比较结果,列表如下。

表3-3　　　　　　　　　名词充当优比句比较结果

单纯词	위(上面、上级)/아래(下面)/앞(前边)/뒤(后边)/신사(绅士)/미인(美人)/고령(高龄)/부자(富人)/환자(患者)/약자(弱者)/강자(强者)/선배(前辈)/후배(后辈)/고수(高手)/선수(选手)/신식(新式)/구식(旧式)

续表

	复合式	손위 (长辈) /손아래 (晚辈)	
合	派生式	名/形+자/가	기술자 (技术人员、工程师) /과학자 (科学家) /미식가 (美食家)
		名/形+통	밥통 (饭桶) /고집 (불) 통 (老顽固) /미련통 (蠢家伙) /중국통 (中国通)
		形/名+뱅/랭/쟁이	못난이 (没有出息的、丑人) /멍청이 (笨蛋) /노랭이 (吝啬鬼) /가난뱅이 (穷鬼) /게으름뱅이、게으름쟁이 (懒虫) /개구쟁이 (调皮鬼) /심술쟁이 (心眼儿坏的人) /멋쟁이 (爱打扮的人) /수다쟁이 (啰嗦的人) /거짓말쟁이 (说谎者) /말썽쟁이 (爱惹事的人) /욕심쟁이 (贪心鬼) /허풍쟁이 (牛皮大王)
		名+꾸러기	심술꾸러기 (心眼儿坏的人) /잠꾸러기 (瞌睡虫) /장난꾸러기 (调皮蛋) /욕심꾸러기 (贪心鬼) /말썽꾸러기 (爱惹事的人)
		形+식	중국식 (中国式) /한국식 (韩国式) /미국식 (美国式) /유럽식 (欧洲式)

金琮镐（2011）从名词构词的角度分别考察了韩语中哪些名词可以进入优比句中充当比较结果。虽然在上表中列出了可以充当比较结果成分的名词词汇，但是，究竟具有何种语义特征的名词才能进入优比句中才应该是我们关注的问题。只有将进入优比句中的名词的语义特征分析清楚，才能对优比句的语义有更好的整体把握。

不同于金琮镐从构词的角度对充当比较结果的名词进行的分类，我们根据语义特征的不同将可以进入优比句中作比较结果的名词分为以下三类：同时满足 [＋程度性]、[＋方位] 语义特征的名词；同时满足 [＋程度性]、[＋人]、[＋可测] 的名词；同时满足 [＋程度性]、[＋属性] 的名词。以下对这三类名词展开详细描写与讨论。

1. 同时满足 [＋程度性]、[＋方位] 语义特征的名词

前人的研究中也曾提及，方位名词可以充当优比句的比较结果体现

句子的差异性。关于方位名词的语义，손평효（2012：297）指出方位名词具有空间语义、时间语义和抽象语义这三类语义。在展开正式的考察之前，我们首先以方位名词"위（上）"为例讨论一下方位名词的空间隐喻问题。空间隐喻是以空间关系为始发域，向其他认知域或目标域进行映射，进而获得引申和抽象语义的过程。"위（上）"作为一个方位名词基本语义是指示方向或位置。例如：

（155）바로 집 위가 산이고 집 아래로도 한참 내려가야 민가들이 있었다．（표준국어대사전）

（房子正上方有山，再往下走一段，有民居。）

（156）푸른 색의 플라스틱 잣나무 잎모양들이 달린 머루선을 우산 위에 두른다．［조선일보 생활（93）］

（把带绿色塑料松叶模样的丝围在雨伞上。）

例（155）、（156）中的"집 위（房子上方）"和"우산 위（雨伞上）"中的"위（上）"都是表达"高于某个基准"的空间语义。详细来说，"위（上）"的空间语义就是在垂直的角度上，指示比空间层面选取的基准点高的方向或位置。

（157）한갓 기껏해야 무당의 손녀로만 알고 있었던 자신의 핏줄이 몇백 년 위로 거슬러 올라갈 수가 있고, 그것도 나라를 위해 싸우다가 순절한 의병의 후예라는 것을 알게 되자…．（표준국어대사전）

（充其量只是巫婆的孙女，自己的血脉可以追溯到几百年之前，而且为了国家而战，知道了他是牺牲的义兵的后裔……）

（158）중국의 역사는 위로 500 년 전까지 거슬러 올라간다．（곽휘 2016）

（中国的历史可以向上追溯5000年。）

例（157）、（158）中的"위（上）"就不再是表达空间垂直的语义了，而是通过隐喻来表达"时间的先后顺序"。人类可以通过时间来认知时间，即"时间就是空间"。空间隐喻在已知的人类语言中具有很强的衍生性，很多表示时间的词汇都是来自空间的隐喻构建。方位名词"위（上）"在上述例句中完成了空间域（源域）向时间域（目标域）的投射。在时间域里，"위（上）"表示之前，过去的时间。

(159) 위로는 회장에서, 아래로는 평사원까지 모두 수련회에 참석하였다. (곽휘 2016)

(上至会长, 下至普通职员都参加了培训。)

(160) 내겐 나보다 일곱 살 위인 언니도 있다. (곽휘 2016)

(我有个比我大9岁的姐姐。)

例（159）中的"위（上）"表示的是社会地位高，例（160）中的"위"表示的是年龄大。这主要是空间域投射到了社会地位域、年龄域等其他非空间域。

"위（上）"随着语言的发展，不但可以表示空间方位的概念，它的语义通过隐喻投射，可以由空间源域投射到表示时间、年龄、社会地位等的目标域。在这里我们仅以"위（上）"为例做了简单说明，为我们后面探讨优比句中方位名词充当比较结果做铺垫。其他方位名词同样也可以通过隐喻投射出不同的语义，它们的隐喻路径可能存在不同，在这里不做详细讨论。

通过语料分析考察，我们发现，韩语方位名词中的"위（上）""아래（下）""밑（下）""앞（前）""뒤（后）"可以出现在优比句中充当比较结果。那么，当这些方位名词充当优比句中的比较结果时，它们都体现了何种语义，具有哪些语义特征呢？以下我们将考察"위（上）""아래（下）""밑（下）"这三个方位名词的词典释义以及出现在优比句中充当比较结果时的语义，以期对方位名词充当比较结果的语义特征有较为明确的把握。

分析"위（上）"和"아래（下）"的词典释义，我们发现当"위"表示"신분, 지위, 연령, 등급, 정도 따위에서 어떠한 것보다 더 높거나 나은 쪽（在身份、地位、年龄、等级、程度等方面高于或优于某些事物）"的语义，"아래"表示"신분, 연령, 지위, 정도 따위에서 어떠한 것보다 낮은 쪽（在身份、年龄、地位、程度等方面低于或劣于某些事物）"的语义时，它们可以进入优比句中充当比较结果。例如：

(161) 그는 세진보다 한 살 위다. (정종명,『숨은 사랑』)

(他比世真大一岁。)

(162) 나이로는 이 사장이 이 장관보다 다섯 살 위지만, 두 사람은 경

기고·서울대 공대 7 년 선·후배 사이이다. (『조선일보 2002 년 기사: 오피니언』)

(论年龄，李社长比李部长大 5 岁，但两人是京畿高中、首尔大学工大相差 7 年的前后辈。)

(163) 챙은 중국계로 제이슨보다 <u>네 살 아래</u>였다. (하성란,『푸른 수염의 첫번째 아내』)

(彩英是华裔，比杰森小四岁。)

(164) 조박사는 그보다 <u>두 살 아래</u>였다. (복거일,『마법성의 수호자，나의 끼끗한 들깨』)

(赵博士比他小两岁。)

例 (161)、(162)、(163)、(164) 中的"위（上）""아래（下）"是与"年龄"相关的概念。当它做优比句的比较结果时，其前必须加表现年龄差的名词性成分体现差异性，如果不加例句中的"한 살（一岁）""다섯 살（五岁）""두 살（两岁）""네 살（四岁）"等名词性数量成分，就无法满足优比句"究其差异，体现比较结果①"的语义。例句中的"위（上）""아래（下）"出现在优比句中做比较结果的"위（上）"并不表示空间语义，"年龄"与"时间"具有相关性，因此属于时间语义范畴。

优比句中，"위（上）""아래（下）"除了可以表示时间语义外，还可以表示抽象语义。例如：

(165) 알고 보니 도이미나보다 <u>한 학년 위</u>였다. (정종명,『숨은 사랑』)

(比都李美娜高一个年级。)

(166) 천민에도 아래위가 있어서 부곡은 노비보다 신분이 <u>위</u>였다. (송기호,『발해를 찾아서』)

(贱民之间也有上下等级之分，部曲的身份比奴婢高。)

(167) 그 아이는 머리 쓰는 것이 형보다는 <u>한 수 위</u>이지만…… (손평효 2012：310)

---

① 邵敬敏、刘焱：《比字句强制性语义要求的句法表现》，《汉语学习》2002 年第 5 期。

(那个孩子头脑比哥哥胜一筹。)

(168) 용장은 지장을 이기지 못하고, 지장은 덕장보다 <u>한 수 아래</u>이며, 덕장도 복장에게는 어쩔 도리가 없다고 했다. (naver dictionary)

(勇将不胜智将，智将不如德将，德将拿福将也没有办法。)

例（165）、（166）、（167）、（168）中出现在比较结果位置上的"위（上）"和"아래（下）"既不表示空间义，也不表示时间义，它们的语义发生了转移，在句中可以表示抽象语义。具体分析来看，例（165）中比较的是年级的高低，例（166）中比较的是身份的高低，例（167）（168）中比较的是能力高低。由此可见，在这类句子中，"위"由最初的表空间义扩张为表抽象的语义，主要表示"身份、地位、等级等高于或低于一定的标准"的语义。

손평효（孙平孝）（2012：300）曾通过以下例句指出，在一般情况下，"아래（下）"和"밑（下）"可以相互替换。

(169) ㄱ. <u>책상 밑（아래）</u>에 있는 연필을 어서 주워라.

(快把书桌下面的铅笔捡起来。)

ㄴ. <u>먼 하늘 밑（아래）</u>에는 푸른 바다가 넘실거리고 있습니다.

(远方的天空下，碧海翻滚。)

例（169）中的两个例句中，"아래（下）"和"밑（下）"可以相互替换，句子语义不发生改变。从"밑"所具有的语义也可看出，它可以出现在优比句中充当比较结果。例如：

(170) 동생은 나보다 <u>두 살 밑</u>이다.（弟弟比我小两岁。）

(171) 과장은 부장보다 <u>밑</u>이다.（科长位居部长之下。）

例（170）是说"弟弟比我小两岁"，句中的"밑"表示的是时间语义。例（171）句义为"科长位居部长之下"，这里出现的"밑（下）"表示的是抽象语义。"밑（下）"的语义和用法与以上我们分析的"위（上）""아래（下）"一样。

以上我们分析了表示上下义"위（上）/아래（下）/밑（下）"等方位名词做优比句比较结果的情况。通过考察语料我们还发现，不仅表示"上/下"义的方位名词可以充当比较结果，表示前后义的方位名词"뒤

"(后)/앞(前)"也可以充当优比句的比较结果。

（172）그러나 인류가 나타난 것은 겨우 몇 백만 년 전이고 결혼이란 기구가 나온 것은 물론 그보다 훨씬 뒤죠. (복거일,《마법성의 수호자, 나의 끼끗한 들깨》)

（但是人类出现的时间只有几百万年，结婚这一概念当然比它晚很多。）

（173）대체로 공자보다 조금 뒤, 맹자보다 조금 앞이라고 짐작할 뿐입니다. (김교빈, 이현구,《동양철학 에세이》)

（大体上推测是比孔子稍晚一些，比孟子稍早一些。）

例（172）、（173）中的"뒤（后）"和"앞（前）"作为方位名词充当句子的比较结果。在这里"뒤（后）"和"앞（前）"并不是表示基本方位语义，而是表示时间先后的语义。

综上所述，韩语方位名词"위/아래/밑/앞/뒤"都可以出现在优比句中充当比较结果。当它们出现在优比句中，并不表示基本空间语义，而是表示其引申语义，即时间语义和抽象语义。这些方位名词在表示时间语义或抽象语义时，它们都具有［＋程度性］的语义特征。具体来说，方位名词的基本语义就是表示空间垂直或水平层面的前后上下的语义，当出现一个基准点相比较时，就可以体现出差异性。这种空间语义关系通过隐喻机制投射到其他的目标域内，自然也就具有了优比句"究其差异"的语义特征。

2. 同时满足［＋程度性］、［＋人］、［＋可测］的名词

在韩语中，有一类指人的名词，主要是指具有某种属性的人。这类名词具有［＋程度性］、［＋人］和［＋可测］的语义特征，这些名词在语义上与形容词等价，因此可以出现在优比句中充当比较结果。例如：

（174）독립운동으로 치자면 연홍이 여경보다 선배였다. (이선미,『경성애사』)

（论起独立运动，延弘比汝京更早。）

（175）단순히 여자가 둘이어서가 아니라, 주철의 마누라 옆에서 상큼한 미소를 만들어 보이고 있는 그녀는, 문태가 여지껏 본 적 있는 어떠한 여자들（간호사나 여자 환자들을 망라한）보다 미인이라는 사실 때문이었

다. (유시춘 외,『여성 이야기 주머니』)

　　　　[不是因为只有两个女人，而是在周哲的妻子旁边露出清爽微笑的她，比文泰所见过的任何女人（包括护士和女患者）都要漂亮。]

（176）내 안에 입력된 그 무진장한 성격 때문에 나는 누구보다도 <u>부자</u>다. (박완서,『두부』)

　　　　（因为刻入我内心的宽容的性格，我比任何人都富有。）

（177）이 여자는 성에 관한 한 여러가지로 나보다는 훨씬 <u>천재</u>니까. (마광수,『권태』)

　　　　（因为这个女人在性方面比我聪明得多。）

例（174）—（177）中充当比较结果的名词"선배（前辈）""미인（美人）""부자（富人）""천재（天才）"都可以表示程度，因此可出现在优比句中。这类具有［＋程度性］、［＋人］的名词一般都可以写成"形容词定语＋人"的形式。因此例（174）中的"선배（前辈）"是指"학년이 높은＋사람（年级高的人）"，例（175）中的"미인（美人）"是指"아름다운＋사람（漂亮的人）"，例（176）中的"부자（富人）"是指"돈이 많은＋사람（钱多的人）"，例（177）中的"천재（天才）"是指"총명한＋사람（聪明的人）"。分析这些名词的语义可知，这些指人的名词所具有的属性都是具有程度性。例句中的句子语义用汉语来表达时，比较结果只能用对应的语义相同的形容词或形容词短语来表达，而不能直接用名词来表达。

只有满足［＋程度性］的指人名词才可以进入优比句中充当比较结果。"여자（女人）""남자（男人）""학생（学生）""선생（先生）"等这些名词虽然是指人的，但是它们所具有的属性是固定的，没有程度变化的区间，就不能进入优比句。

3. 同时满足［＋程度性］、［＋属性］的名词

在韩语中，"－적"可以和表抽象义的名词结合派生出新的名词。在大多数情况下，"－적"和"이다"结合，可以体现出形容词的功能。目前，韩语学界主要认为"－적"是名词，主要有以下四点理由：（1）"－적"没有屈折变化属于不变语。（2）可以和"이다"结合。（3）在否定句中，"－적"的否定形式是"－적이 아니다"。（4）其后可以加助词"－으

로". 김창섭(金昌燮)(1984:161)认为, "-적"从词类上说属于名词, 但它却具有形容词的语义和功能。구본관(具本宽)(2015:159)也持同样的观点。既然具有形容词的语义和功能, 那么就可以表现出形容词最显性的[+程度性]的语义特征, 满足充当优比句比较结果的语义特征。具体示例如下:

(178) 오늘의 문제를 이런 즉흥적, 단기적 발상으로 접근하려는 것은 오히려 무책보다 더 해학적이다. (조선일보사, 『조선일보 사설(91)』)

(用这种即兴、短期的思维来处理今天的问题, 反而比毫无对策更讽刺。)

(179) 실제 촬영을 하면 그림이 약간 허술해 보일지는 몰라도 CG 보다는 사실적이다. (세종말뭉치)

(如果实际拍摄的话, 画面可能会显得有些破旧, 但是比 CG 更真实。)

(180) 욕망은 연인 사이의 욕정보다 본질적이고, 동물들의 본능적인 욕구보다는 인간적이다. (세종말뭉치)

(欲望比恋人之间的情欲更本质, 比动物的本能欲望更人性化。)

(181) 그런 도심(盜心)은 모든 사람에게 있는 것이어서 누구에게나 미는 금보다 유혹적이다. (세종말뭉치)

(这种偷心行为是每个人都有, 对任何人来说美都比金子更有诱惑力。)

例(178)—(181) 都是优比句, 并且都是由 "-적" 来充当的比较结果。出现在例句中的 "-적" 有 "해학적(讽刺的)" "사실적(真实的)" "인간적(人性的)" "유혹적(诱惑的)", 这些名词在句中其实起着形容词表程度义的功能。例(175)将 "即兴、短期的解决问题的方式" 与 "束手无策, 什么也不做的方式" 进行了比较, 认为前者比后者更为讽刺。例(179)将 "실제 활영" 和 "CG" 这两种拍摄方式进行了比较, 得出了前者比后者更真实的比较结果。例(180)中将 "人类的欲望" 和 "恋人之间的欲望" 进行了比较, 认为前者比后者更本质, 又将 "人类的欲望" 和 "动物间的欲求" 进行了比较, 认为前者比后者更有人

性。例（181）将"美貌"和"金子"进行了比较，认为前者比后者更有诱惑。

（二）汉语优比句中名词充当比较结果

在汉语中，不存在名词充当优比句的比较结果的情况。以上韩语优比句中名词充当比较结果的例句对应的汉语句子中都是由形容词来充当的。在汉语中存在着一类带比较标记"比"的特殊格式"N1 比 N2 还 N2"。具体示例如下：

（182）这个鬼医院不准探视，也逃不出去，比监狱还监狱。（王小波《黑铁时代》）

如例（182）所示，当名词充当"比"字句的比较结果时，体现出三个特点：一是比较基准和比较结果都为同一个名词，二是比较基准比句具有语义上的典型性，三是程度副词只能用"还"，而不能用"更"。"监狱"通常给人的印象是看管严格，限制人身自由，例（182）就是为了说明医院看管极其严格。

关于这类句式的研究，我们在先行研究中也进行过综述，前人对这类句式的研究也较为详细，在这里不做赘述。马伟忠（2014：71）认为"S 比 N_1 还 N_1"的核心语义是凸显比较主体"S"的属性特征。因此我们认为这类句式虽然从结构上来看，具有和优比句一样的句法结构，但是并不表示差比语义，而只是为了表达比况义，强调比较主体的属性，这类句式从语义上来说不属于我们讨论的优比句的语义范畴之内。

第五节　汉韩语优比句比较结果的语义特征

刘焱（2004）中指出"显性比较、显示程度差别、体现比较结果"是"比"字句（当然也是其他比较句式）的最基本的语义要求。"显性比较"可以由比较标记"比"体现出来，"显示程度差别、体现比较结果"主要是由比较结果来体现的。比较结果可以显示两个对象之间的程度差别，根据程度差别的不同，比较结果的语义可以表示一般比较义和强化比较义。

一 一般比较义

优比句的语义是表示比较主体和比较基准在某个共同的比较点上存在着属性程度的差异,并且比较主体在这个属性上的程度要高于比较标准。当比较结果表示一般比较义时,只表示两个比较对象在某个属性上存在的程度差异,但并不表示两个比较对象都具有这个属性。比较结果表示一般比较义时,一般在句法结构上体现为光杆非定量形容词独立充当比较结果。当比较结果具有一般比较义时,优比句可以有三种解读方式。以下我们通过汉韩语例句来进行具体分析。

(183) 化纤的价格比毛料的价格低。

(184) 내 언니는 나보다 예쁘다. (我姐姐比我漂亮。)

例(183)将化纤和毛料的价格进行了对比,在"价格低"的属性上化纤"价格低"的程度要超过毛料"价格低"的程度。对例(183)进行具体分析的话,这个句子有三种解读方式。第一,化纤和毛料都具有"价格低"的属性。但是化纤"价格低"的属性要超过毛料"价格低"的属性。第二,化纤具有"价格低"的属性,但毛料不具有"价格低"的属性,两者相较,也可以说化纤的价格比毛料的价格低。第三,化纤的价格和毛料的价格都不低,但是两者相比较而言,化纤的价格还是要比毛料的价格低。例(184)的比较结果是"예쁘다(漂亮)",表示一般比较义,将"내 언니(我姐姐)"和"나(我)"的长相进行了比较,在"漂亮"的程度上我的姐姐要超过我。同样的,这个句子也有三种解读方式。第一,我和姐姐都具有"漂亮"的属性,相比较而言,姐姐比我更漂亮。第二,我姐姐长得漂亮,但是我长得很丑,这种情况下也可以说我姐姐比我漂亮。第三,我和姐姐都长得不漂亮,但是在"漂亮"这一属性上,我姐姐"漂亮"的程度要超过我"漂亮"的程度。总体而言,比较结果表示一般比较义时,只能体现出比较主体和比较基准在某个属性上的程度差异,但并不预设两者都具有这个属性。

二 强化比较义

比较结果有时也可以表示强化比较的语义。通过比较结果的"强化比较义"，句子表示两个比较对象在某个属性上存在着程度的差异，比较主体在属性程度上要超过比较基准。表示强化比较义的比较结果蕴含着"比较主体和比较基准共同具有某个属性"的预设，表示一般比较义的比较结果则不具有这种预设。

在汉语中，这种"强化比较义"主要是通过表示程度的标记如"更""还"等来体现的。具体示例如下：

（185）a 化纤的价格比毛料的价格低。

　　　→b 化纤的价格比毛料的价格更/还低。

（186）a 我的狗比你的狗听话。

　　　→b 我的狗比你的狗更/还听话。

例（185a）和例（186a）都属于前面我们讨论的一般比较义，只是一般性的陈述事实，可以有三种解读方式，不包含说话人的主观倾向。在插入了"更"之后，对这些句子的理解，相对于没有插入"更"以前会更加明确。根据吕叔湘（1999）对"更"所做的解释，"更"在用于比较句时，不仅含有比较前项 X 在程度上有所增加的含义，多数也指 X 项原来也有一定程度的意思。我们认为例（185b）和例（186b）中插入了"更"，句子就只有一种解读方式，首先句子预设了比较主体和比较基准都具有某种属性，并且比较主体的属性程度要超过比较基准的属性程度。分析例（186b）的语义可知，这个句子表示"我的狗"和"你的狗"本身就具有"听话"的属性，两者相较，"我的狗""听话"的程度要高于"你的狗""听话"的程度，插入了"更"，起到了加深比较主体程度的作用。

同样，例（185b）和例（186b）中插入了程度副词"还"后，句子表达的语义更加明确了。以例（185b）为例，在例（186a）的基础上，我们不仅可以知道化纤的价格低于毛料的价格，还可以知道与一般的材质相比，"化纤"和"毛料"的价格都算是比较低的。但是，插入了"还"的优比句的语义要比插入了"更"的优比句的语义复杂得多。陆俭明（1980）认为在比较句中使用"更"属于"递进发展"，使用"还"属于"转折变化"。

（187）a 现在张萍的发音比老师更准确了。

→b 现在张萍的发音比老师还准确了。

根据我们在前面的分析可知,例(187a)表示张萍的发音要好于老师的发音,并且张萍的发音和老师的发音都属于比较好的。但是例(187b)中说话人在讲这话时,其预设是"之前张萍的发音不准确",可是现在他的发音不仅变好了,而且比老师的发音还准确了。插入程度副词"更"和"还"后虽然句子表达的语义有所不同,但是两者都可以表达比较主体的程度加深的语义,具有强化比较义的功能。

在韩语中,"强化比较义"主要也是通过程度副词"더(更)"来表达的。当句子由单纯的表示"一般比较义"句式中插入程度副词"더(更)"之后,表示与比较基准相比,比较主体在某个属性上的程度之高,并且强化了比较主体的属性程度。

(188) 현이가 민이보다 더 꼼꼼하다. (贤比珉更仔细。)

(189) 이곳은 저곳보다 더 안전하다. (这里比那里更安全。)

例(188)表达的是"현이(贤)"和"민이(珉)"都具有"仔细"的属性,并且在"仔细"的程度上,"현이(贤)"的仔细程度要高于"민이(珉)"的仔细程度。例(189)表达的是这间教室和那间教室都具有"干净"的属性,两间教室都很干净,在"干净"的程度上,这间教室的干净程度高于那间教室。

第四章

汉韩语次比句的句法语义对比

在这一章节我们将主要就汉韩语差比范畴的下位范畴——次比范畴中的次比句展开句法语义方面的对比研究。首先关于次比句这个术语，目前学界使用的还比较少。根据我们在第二章的界定，次比句是指表示比较主体在等级列表上位于比较基准的左边，也就是低位位置的句式。我们在这里讨论的次比句是从语义的角度出发，结合句法形式而界定的。一个句式要想被纳入次比范畴中，首先必须能够表达次比的语义。我们在第二章中，通过等级量表法对优比句和次比句进行了语义上的界定。所谓的次比句是指两个实体具有的某种可分级特性在等级量表上一方不及另一方，等级低的一方为比较主体，等级高的一方为比较基准。按照次比句的这个界定，我们将分别探讨汉韩语中的次比句的编码方式以及汉韩两种语言存在的共性和个性。

第一节 汉语次比句的编码方式

汉语中最典型的否定方式是用否定副词"不"或"没（有）"进行否定。关于"不"和"没"的语义，很早就引起了汉语学界学者的关注，特别是两者同为否定副词，语义表达上的区别更是学者讨论的热点。综观前贤的研究，"不"和"没"的语义区别主要表达在两个方面，一是两者所适用的时态不同，二是两者所否定事件的主客观性质不同。吕叔湘（1980）指出"不"否定的是现在和将来，其否定是主观上的；"没"是客观的否定，否定的是过去和现在。马庆株（1992）提出"不"在自主动词前可以用来否定现在、将来和经常性的动作行为；"没"可以用来否定过去发生的动作行为。蒋祺、金立鑫（1997）也认为两者的差别主要与时间因素有关，"不"否定的是"现在或以后"，而"没"否定的是"以往"。梁文勤（2007）从时间因素的角度对两者进行了比较分析，认为"不"否定的是现在和将来，而"没"是对过去的否定。但是也有学者持不同的观点，聂仁发（2001）运用语义特征分析法分析了"不"和"没"的语义特征，认为两者的使用情况与动作动词所处的背景时间有关，与时间没有必然的联系。崔希亮（2006）也不同意单纯地用时间特性来区别"不"和"没"，认为说话人在事件起点的位置上进行否定时用"不"，如果是在事件终点的位置时用"没"否定。白荃（2000）也指出，"不"经常用于现在和将来，也可以用于过去。"没"经常用于过去和现在，在一定的条件下（如在假设句和表示估计的句子中）也可以用于将来。

　　学者们也从"不"和"没"所否定事件的性质表明了两者的不同。《现代汉语虚词示例》中指出从主观的角度否定主观意愿用"不"，否定客观意愿用"没"。白荃（2000）指出"不"主要是从主观的角度否定动作发出者（主语）发出某个动作行为的主观意愿或说话者的主观评价，另外还可以否定自然界的某些运动本身以及广义上的性质状态，"没"是从客观陈述的角度否定某种客观事实。朱德熙（2003）也认为"不"不仅可以否定意愿，还可以否定假设和习惯；而"没"否定的是发生或变化。文贞惠（2003）认为"不"和"没"最根本、最本质的差别之一就是主观和客观的区别。

　　以上我们通过简略地梳理前人的研究，了解了"不"和"没"的语义特征及语义区别。"不"和"没"作为否定副词也可以出现于差比范畴的否定句式表达中，把握这两个否定副词的语义特征有助于我们更好地理解差比范畴的否定句式表达。

　　一般的"肯定—否定"判断通常是一对二值判断，在这个二值判断中若一个肯定判断为真，那么相应的否定判断必然为假。肯定判断和其否定判断是真假二分的，非此即彼，一般不存在又真又假、半真半假、不真不假的第三种判断。例如"他高"与"他不高"，"他来了"和"他没来",都分别是一对"肯定—否定"的二值判断。戴耀晶(2017:224)中也指出肯定和相对应的否定可以涵盖某个语义场的全部空间。在汉语差比范畴中,"不"可以出现在比较标记"比"前,构成"比"字句的否定形式,如"他不比我高"。从形式上来看,"比"的否定形式是"不比",但是"比"和"不比"却有悖于"肯定—否定"判断的常规,"不比"句相对于"比"字句来说并不是完全对立的,"不比"句本身不能提供一值判断,而是一个多值多义判断。"不比"句所提供的信息意义模糊,具有很大的不确定性,"不比"句语义偏向趋同,不强调比较的对象之间谁强谁弱,一般为后述句,是对始发句的反驳。"不比"句具有"X与Y差不多"的语义,即两者相差不明显,强调比较项具有同一性质。"没有"句是"有"字句的否定形式,所提供给听话人的信息是具体、明确的"不及"义判断。"没有"句趋异,以比较基准为参照点否定比较主体在某个方面具有优势,强调比较主体和比较基准之间的差异。

关于"没有"句和"不比"句到底哪个是"比"字句的否定形式,相原茂(1992)、张和友(2002)、谢仁友(2006)等学者都曾展开过热烈的讨论。赵金铭(2001)指出"比"字句和"不比句"、"有"字句和"没有"句是两对形式上对立而语义上并不对称的比较句式。"比"字句表示胜过语义,而它的否定形式"不比"句则既可以表达等同义也可以表达不及义。"有"字句表示等同或略胜过,而它的否定形式"没有"句表示不及语义。由此可以看出两对比较句中的语义都是可以互补的。

从语义上来说,"没有"句可以表示"不及"语义,即本书所说的"次比"语义。跟"优比句"一样,"没有"句也包括比较主体、比较基准、比较标记(没有)和比较结果四个基本构成要素。刘丹青(2003:20)指出"没有"句中的"没有"既是否定词,又兼比较标记,句法表现接近介词。"没有"句也是将前后的比较项即比较主体和比较基准进行比较的。例如:

(1) a. 男生的房间比女生的房间干净。

　　 b. 男生的房间没有女生的房间干净。

例(1b)中,"没有"句表示一个客观事实。以女生房间的干净程度作为标准,说明男生房间的干净程度达不到女生房间的干净程度标准。

也就是说,女生的房间干净,男生的房间相对于女生的房间来说,比较脏乱。例(1a)即为我们在前文中分析的优比句,例(1b)从语义上否定了例(1a)。例(1b)中,"男生的房间"是比较主体,"女生的房间"是比较基准,比较标记是"没有","干净"是比较结果。从句法结构上来看,表"不及"义的"没有"句具有"比较主体+比较标记+比较基准+比较结果"的构造,与优比句的句法结构是一致的。

杨慧芬(1998)认为表比较的"没有"词义有两个,一是"不如""不及",一是"没达到""不够"。而区分这两种语义的标准主要是比较结果形容词前是否包含有"这么""那么"之类的指示代词。我们认为没有区分的必要,"没有"句就是表示"次比""不及"义。

一 "没有"句的句法形式
(一) 比较项

"没有"句中充当比较主体和比较基准的句法成分与前文我们讨论的优比句中比较项的句法成分相同,既可以由体词性成分充当,也可以由谓词性成分充当。由于前文在讨论优比句时对比较项的构成成分进行过较为详细的描写,"没有"句中比较项的构成成分与优比句一致,因此在这里我们仅通过以下几个例句进行概括性说明。

(2)他具体的遭遇没有徐渭那样惨,但作为已亡的大明皇室的后裔,他的悲剧性感悟却比徐渭多了一个更寥廓的层面。(余秋雨《文化苦旅》)

(3)他虽与朱耷很要好,心理状态却有很大不同,精神痛苦没有朱耷那么深,很重要的一个原因是他与更广阔的自然有了深入接触,悲剧意识有所泛化。(余秋雨《文化苦旅》)

(4)他不是冠晓荷,没有冠晓荷那么高的文化。(老舍《四世同堂》)

(5)她去没有我去合适。

例(2)—(5)都是表示"不及"义的"没有"句。例(2)中的两个比较项分别是"他具体的遭遇"和"徐渭的遭遇",例(3)中的两个比较项分别是"他的精神痛苦"和"朱耷的精神痛苦",这两个句子中都省略了比较基准的中心语。例(4)中的两个比较项是第三人称代词

"他"和专有名词"冠晓荷"。例(5)中两个比较项"她去"和"我去"都是主谓短语,谓词性成分。

(二) 比较结果

同汉语优比句一样,在"没有"句中可以充当比较结果的句法成分比较复杂,总的来说,形容词性成分和动词性成分都可以充当比较结果。我们根据前人的研究,将汉语次比句"没有"句中充当比较结果的成分分为了六类。以下我们将通过例句来具体考察。

1. 非定量形容词

(6) 他还没有我的孙子大呢。(老舍《张自忠》)

(7) 不过,虎妞没有她那么年轻,没有她那么美好;所以祥子就更怕她,仿佛她身上带着他所尝受过的一切女性的厉与恶毒。(老舍《骆驼祥子》)

(8) 现在,他似乎看出来,一月只挣那么些钱,而把所有的苦处都得受过来!连个小水筒也不许冻上,而必得在胸前抱着!自己的胸脯多么宽,仿佛还没有个小筒儿值钱。(老舍《骆驼祥子》)

2. 心理动词

(9) 如果我真的在乎她,我自然会不顾一切,可问题是我并没有想象的那样在乎她。(刘焱,2004:223)

(10) 他没有我那么喜欢小说。(刘焱,2004:224)

(11) 男生没有女生那么想家。

3. 动词+形容词

(12) 甚至连多少有点因为私心杂念而遮蔽了耳目的种师道,也没有他了解得深,掌握得多。(徐兴业《金瓯缺》)

(13) 坚捷特尼科夫开始看到自家地里的庄稼没有农奴地里的长得好。(果戈里《死魂灵》)

(14) 白嘉轩说:"咱没多少文墨,没有古人说得圆润,理儿一样。"(陈忠实《白鹿原》)

4. 形容词+动词

(15) 这道题没有那道题难解。

(16) 这个字没那个字好写。

（17）这个任务比那个任务容易完成。

5. 有+名词

（18）小李没小张那么有钱。

（19）她没我那么有本事。

（20）尼姆没他那样有把握。（阿瑟·黑利《超载》）

6. 助动词+动词

（21）他没有他哥哥会办事。

（22）妹妹没有姐姐能吃苦。

（23）他的妻子还没有他会烧饭呢。（杨慧芬，1998：122）

以上我们讨论的六种形式中，前面都不能添加程度副词"很、非常、更、还"等，并且不管是模糊大量、模糊小量，还是确定量、不确定量，都不可以出现在比较结果项中充当补语。这主要是因为"没有"句中比较标记"没有"否定的是"有无"，是质的否定，而不管是程度副词还是数量短语都是表示程度的，既然"不存在"，那便没有程度高低之分，这是语义对句法结构起制约作用。例如：

（24）a. *他没有我更高。

b. *他没有我高三厘米。

c. *他没有我高一点儿。

7. "这么/那么"的使用情况

在"没有"句中形容词比较结果前还可以出现"这么/那么/这样/那样"之类的指示代词，以"那么"最为常见。对于这些指示代词的作用，学界学者持不同的观点。相原茂（1992）认为"在'没有'句中，如果有'好看/难看'等构成反义关系的形容词的话，一般只有肯定的（positive）一方才能出现。如'她没有她姐姐漂亮/*难看'。如要使句子合乎语法，就得在消极的（negative）形容词前加上'这么/那么'这类的词语，如'她没有她姐姐那么难看'。由于有'这么/那么'，就使后续形容词表示的性质状态成为事实或已然化了"。杨慧芬（1998）认为在"'A没有B+这么/那么+形容词"中，由于形容词前有这么、那么之类的指示代词，就把抽象的性状形容词所蕴含的性状程度具体化为比较项B的程度了。李艳（2004）认为"在'A没有B（那么）X'中，指示代词在句中主要有两个作用。一是指示比较客体的性状度量值，使其定量化，把他作为比较的参照标准。二是用来强调比较客体 B 的 X 的程度极高，在说话人心中，起到了突出强调的作用，加强了口气，突出了比较客体 B 的程度"。刘焱（2004）认为："'这么/那么'主要起到固定比较基准在某个属性量度的作用，使得比较结果成为一个相对固定的量度。"（刘焱，2004：221）

（25）他们也有给知县打枷过的，也有给绅士掌过嘴的，也有衙役占了他妻子的，也有老子娘被债主逼死的；他们那时候的脸色，全没有昨天这么怕，也没有这么凶。（鲁迅《狂人日记》）

（26）她的家庭没有他的那么大，也没有那么阔绰，可是也忽然的衰落，和他落在同一的情形上。（老舍《四世同堂》）

8. 比较结果形容词的倾向性

根据形容词语义的倾向性，一般可分为积极形容词、消极形容词和中性形容词。"没有"句中，积极形容词和中性形容词都可以出现在句中充当比较结果。消极形容词一般不能以光杆的形式出现在句中充当比较结果，消极形容词若要充当比较结果，这时为了提高句子的可接受度，可以在消极形容词前加指示代词"这么/那么"。具体示例如下：

（27）a. ＊她没有她姐姐难看。

b. 她没有她姐姐那么难看。/她没有她姐姐这么难看。

（28）a. ＊他没有他哥哥矮。

b. 他没有他哥哥那么矮。/他没有他哥哥这么矮。

例（27）、（28）中同样都是消极形容词"难看""矮"充当比较结果，没有添加指示代词"那么/这么"的例（27a）和例（28a）就不合语法，而在消极形容词前添加了"那么/这么"的例（27b）和（28b）则可以成立。"没有"句中消极形容词前加"这么/那么"使比较基准体现出较高的程度，此时在语义上突出了两者程度的差异，相原茂（1992）认为主要是由于"这么/那么"可以使后续形容词表示的性质状态成为事实或已然化。

二 "没有"句的语义特征

从语义上来看,"没有"句的意义几乎不存在争议,就是表示"不及"义,"X 没有 Y. Z"的语义和"Y 比 X. Z"的语义是一致的,即"X 没有 Y. Z"="Y 比 X. Z"。吴福祥(2004:228)指出"X 没有 Y. Z"是客观地陈述一个命题,在话语中它的主要功能是否定一个肯定性的命题"X 比 Y. Z"或者是用来回应一个是非问句"X 比 Y. Z?"例如:

(29) 肯定形式:a. 小王比小李高。
　　　否定形式:b. 小王没小李高。
　　　　　　　　c. ? 小王不比小李高。
(30) a:小王比小李高吗?
　　　b:小王没有小李高。
　　　　? 小王不比小李高。

在前文中我们提到在"没有"句中形容词比较结果前还可以出现"这么/那么"之类的指示代词。我们认为当句子不添加"这么/那么"时,句子不包含任何语义倾向,例(30b)来说"小王没有小李高"这个句子就表示"小王比小李矮"这一客观事实。但"小王没有小李那么高"这个句子中,如果句子的重音放在"那么"上的话,这个句子就蕴含着"小李的个子很高"的预设语义。

第二节　韩语次比句的编码方式

在这一部分我们将就韩语次比句的编码方式展开讨论。韩语次比句的界定仍是采用句法语义相结合的方式,首先句式的语义必须是表达"不及"语义,同时句式必须带有显性的比较。只有同时满足以上的句法语义限制,才能被纳入这一部分的研究范围。

하길종(夏吉宗)(1997)中对"劣势比较句(열세비교구문)"进行过详细论述,他指出"劣势比较句"的语义取决于句中的谓语部分,根据谓语的语义是表示正面语义还是负面语义来判断句子是"优势比较句"还是"劣势比较句",例如"그는 나보다 크다(他比我高)"是

"优势比较句",而"그는 나보다 작다（他比我矮）"则是劣势比较句。我们认为这种单纯从谓语语义上进行判断而区分"优势/劣势比较句"的具有很强的主观性,不具有统一的客观标准。借助第二章提及的等级量表来看,等级量表可以对"矮"进行分级,右边的"矮"表示的程度高,左边的"矮"表示的程度低,比较基准为"我的身高",很显然比较主体"我"在比较基准的右边,也就是"矮"的程度高的一侧,因此应将其看作优比句而不是次比句。

韩语次比句的编码方式较为多样。我们根据在句中表示次比语义的成分不同将次比句的编码方式分为词汇型和句法型两类。词汇型主要是指出现在比较结果之前的用来凸显强调比较主体的劣势地位的程度副词"덜（不及）"型次比句。句法型主要是指可以与比较结果相结合并表示否定语义的"-지 않다""-지 못하다"的长型否定次比句。词汇型和句法型次比句的编码方式及句法特征是我们下面讨论的重点问题。

一 "덜（不及）"型次比句的句法语义

在前文中,我们对韩语优比句的句法语义进行过讨论。"덜（不及）"型次比句的句法结构与优比句类似,但是两者表示的却是完全相反的语义。首先我们对比分析以下两个例句：

(31) 형은 동생보다 더 크다. （哥哥的个子比弟弟高。）

(32) 형은 동생보다 덜 크다. （哥哥的个子没有弟弟高。）

例（31）是优比句,表示"哥哥的个子比弟弟高"。例（32）是次比句,表示"哥哥的个子没有弟弟高"。从句法结构上来看,优比句和次比句的结构一致,差异主要体现在了形容词比较结果前的副词上。副词"더（更）"在优比句中具有任意性,在"보다（比）"句即使"더（更）"不出现,句子也是表示"胜过"语义。但是"덜（不及）"在次比句中的出现却具有强制性,"보다（比）"句式必须通过"덜（不及）"来凸显"不及"语义,如果省略掉"덜（不及）",句子的语义会发生完全的改变。

"덜（不及）"作为一个副词,〈표준국어대사전（标准国语大辞典）〉中的解释是"어떤 기준이나 정도가 약하게, 또는 그 이하로.（弱于

或低于某个标准或程度。)"〈우리말큰사전（国语大辞典）〉,〈연세한국어사전（延世韩国语辞典）〉等词典中对副词"덜"的语义解释主要分为两种,当出现在动词前时,表示"어떤 동작이 완전한 정도에 이르지 못하게 된 상태（某个动作没有达到完全的程度的状态）"的语义,即"덜"可以与具有［＋动作］特语义征的动词共现。当出现在形容词前时,表示"기준 보다 정도가 낮은 상태（低于某个程度的状态）","덜"可以与具有［＋状态］语义特征的形容词共现。总体来说,"덜"的语义可以概括为"不及"。具体示例如下：

(33) 고구마는 덜 익다．（红薯不太熟。）

(34) 자전거가 자동차보다 덜 빠르다．（自行车不如汽车快。）

例(33)中的"덜（不及）"与动词"익다（熟）"共现,表示"红薯不太熟"。例(34)中的"덜（不及）"与形容词"빠르다（快）"共现,具有"自行车不如汽车快"的语义。程度副词"덜（不及）"既可以和动词共现也可以和形容词共现。不仅如此,"덜（不及）"还可以和其他程度副词"훨씬（更加）""조금（一点儿）"等共现。例如：

(35) 사실, 그 후 당신이 나에게 보여 준 운동하는 선배로서의 모습은 <u>훨씬 덜</u> 매력적이었어요．（박일문,『살아남은자의 슬픔』）

（事实上,后来,你作为运动前辈给我展现出的魅力远没有那么大。）

(36) 이번엔 <u>조금 덜</u> 골치 아픈 걸 보자．（박은아,『창조적인 글쓰기』）

（这次看一看不会让你那么头疼的东西吧。）

例(35)中"덜（不及）"前可与程度副词"훨씬（更加）"共现,强化了句子表达的"不及"语义。例(36)中"덜（不及）"前与程度副词"조금（一点儿）"共现,可以起到弱化句子"不及"语义的作用。

程度副词"덜"具有［＋比较］、［＋不及］的语义特征,因此带"덜（不及）"的句子一般都具有比较的语义,通常是出现在带有比较标记"보다（比）"的比较句中,可以表示"不及"的语义。"덜（不及）"型次比句和"보다（比）"优比句句法构造相同,都具有比较主体、比较基准、比较标记和比较结果四个基本参项。同时,对于"덜

(不及)"型次比句来说,程度副词"덜(不及)"是必需项,不可省略,可以表示为"X 는 Y 보다 덜 Z"。具体示例如下:

(37) 여름보다는 덜 덥고 겨울보다는 덜 춥다. (임순덕,『읽고 떠나는 국토순례』)

(没有夏天那么热,没有冬天那么冷。)

(38) 그러나 미국의 10 대 회사는 우리 나라보다는 부침이 덜 심하다. (이재규,『빅뱅경영』)

(但是美国的 10 大公司比韩国沉浮程度要低。)

(39) 고양이나 개의 털이 지금보다 덜 빠졌을까요? (이은희,『하리하라의 생물학 카페』)

(猫或狗的毛会比现在掉得少吗?)

(40) 장마철에는 평소보다 화초에 물을 덜 주어야 한다. (조선일보사,『조선일보 생활 (93)』)

(梅雨季节要比平时少浇花草。)

例 (37) — (40) 中程度副词"덜(不及)"可以出现在"보다 (比)"比较句中修饰限制充当比较结果项的谓词性成分。如例 (37)、(38)"덜(不及)"出现在形容词之前时,省略掉"덜(不及)"虽然句子的语义会发生完全的变化,由表次比义变为表优比义,但是句子仍然是合乎语法的。例 (39)、(40) 中如若省略掉句中副词"덜(不及)",句子则不合法。这主要是因为例 (37)、(38) 中的形容词"덥다 (热)""춥다 (冷)""심하다 (严重)"都属于具有 [+程度性] 语义特征的形容词,而动词"빠지다 (掉)""주다 (给)"不具有 [+程度性] 的语义特征,自然也就不能不加任何程度词修饰的情况下以光杆动词的形式出现。

"X 는 Y 보다 덜 Z"这个句式中,"덜(不及)"前也可以出现表示程度差别的副词或数量成分等。具体示例如下:

(41) 텔레비전에 출연할 때, 너는 네가 생각하는 것보다도 훨씬 덜 진지했다. (김현영,《냉장고》)

(在电视上,你比我想象中的更加不认真。)

(42) 오늘은 어제보다 날씨가 좀 덜 춥다.

(今天天气没有昨天冷。)
(43) 그는 나보다 3cm 덜 크다.

(他比我矮3cm。)

例（41）—（43）中"덜（不及）"前可以出现表示客观大量的程度副词"훨씬（更加）"和客观小量的程度副词"좀（一点儿）"，也可以在"덜（不及）"前加表示数量成分。同样是表示"不及"的句式，汉语中的"没有"句比较结果前既不能附加程度副词，后面也不能附加数量成分。

二 "-보다 -지 못하다"型次比句的句法语义

在韩语中，表示否定的成分不管是长型否定"-지 못하다"或"-지 않다"还是短型否定"안"或"못"都是出现在谓语成分的前后，并不像汉语中"不"可以直接否定比较标记"比"。

"못"否定句不表示动作主体的意志否定，主要是表示动作主体能力不足而无法达成某事或是由于外部环境的不恰当而导致某些行为无法发生。"못"否定句的语义可以分为"能力否定（능력부정）"或"他意否定（타의부정）"两类。

(44) a. 나는 이 짐이 너무 무거워 못 들겠다. (这个行李太沉了，我抬不起来。)

　　　b. 그는 음식이 너무 매워 거의 먹지 못했다. (食物太辣了，他几乎都吃不了。)

例（44a）是"못"的短型否定句，例（44b）是"못"的长型否定句。例（44a）表示"这个行李太沉了，我抬不起来"，例（44b）表示"食物太辣了，他几乎都吃不了"。例（44）中表示的否定都是表示由于动作主体不具备某种能力而无法做成某事的语义。

"못"否定句不能用于表示否定动作主体的意图。例如：

(45) a. *나는 설악산에 못 가려고 한다.

　　　b. 나는 설악산에 안 가려고 한다. (我不想去雪岳山。)

(46) a. *나는 그를 못 찾고자 했다.

　　　b. 나는 그를 안 찾고자 했다. (我不想找他。)

(47) a. ＊나는 그녀를 못 만나고 싶다.
　　　b. 나는 그녀를 안 만나고 싶다.（我不想见他。）

例（45）的"-（으）려고"，例（46）的"-고자"，例（47）的"-고 싶-"等都是表示动作主体意图的惯用型。如果要对动作主体的意图进行否定的话，只能使用具有"意图否定"语义的"안"否定句，而不能使用"못"否定句。"못"否定句也不能出现在如果有能力就肯定会避免某些不好情况发生的语境中。例如：

(48) a. ＊나는 사업에 실패하지 못했다.
　　　b. ＊나는 그 일을 후회하지 못했다.
　　　c. ＊나는 그 해 겨울 내내 헐벗지 못했다.

例（48）中的谓语动词是"실패하다（失败）"，"후회하다（后悔）"，"헐벗다（衣衫褴褛）"。这些词都是表示消极的语义，在有能力的情况下一般都会避免这些消极的情况发生，表示"能力否定"的"못"与这些词产生了语义冲突，因此一般也不能对这类句式进行否定。这类动词还有"고민하다（苦恼）""노심초사하다（费尽心思）""염려하다（担忧）""걱정하다（担心）""참회하다（忏悔）""망하다（搞砸）""잃다（丢失）""당하다（遭受）""변하다（变）"，他们一般都是表示消极的语义。

当句子的谓语是由形容词来充当时，不能使用"못"否定句式。例如：

(49) a. ＊길이 못 넓다.
　　　b. ＊하늘이 푸르지 못하다.

郑慧（2015：37）也曾指出表示客观否定的"못"不能用于形容词。但"못"长型否定句由形容词充当谓语时，句子是成立的，主要是表达"不及否定（불급 부정）"的语义。서정수（2006：948）指出这类"不及否定（불급 부정）"是由"不能否定（불능 부정）"派生而来的。这类表示"不及语义"的否定句的句法特征是谓语要由形容词充当，并且要出现在"못"的长型否定句中。

(50) a. 그 아이는 똑똑하지 못하다.（这个孩子不够聪明。）
　　　b. 날씨가 따뜻하지 못해서 배추가 모두 얼어 버렸다.（天气不

够暖和，白菜都被冻住了。)

例（50）的谓语是形容词"똑똑하다（聪明）"，"따뜻하다（温暖）"，却可以使用"못"否定。分析例（50）可知，用"못"来否定形容词"똑똑하다（聪明）"，"따뜻하다（暖和）"，表示"某个对象没有达到某个标准"的语义，即"不够聪明""不够温暖"。类似的可以被"못"否定的形容词还有"넉넉하다（充足）""우수하다（优秀）""만족하다（满足）""풍부하다（丰富）""넓다（宽广）""크다（大）""좋다（好）"等。

（51）a. 그 아이는 똑똑하지 못하다. （这个孩子不够聪明。）

b. 그 아이는 나보다 똑똑하지 못하다. （这个孩子不如我聪明。）

（52）a. 그녀는 아름답지 못하다. （她不够漂亮。）

b. 그녀는 내가 생각했던 것보다 아름답지 못하다. （她不如我想象中漂亮。）

例（51a）表示"这个孩子不够聪明"的语义。根据这类"못"长型否定句表达的固有语义，我们可以认为例（51a）含有隐性比较的语义，即将孩子的聪明程度和某个既定的基准相比较，从而得出了这个孩子的聪明程度没有达到既定基准的聪明程度的判断。在例（51a）中语义上蕴含着既定的比较基准，但由于这个既定的基准没有必要说明或并不是固定的，因此没有在句法层面显现出来。而这个比较基准一旦被固定或处于有必要说明的情况下，比较标准在句法层面被凸显，就成为"지 못하다"型次比句，可以表示"不及"的次比语义。例（51b）就是凸显了比较基准的"지 못하다"型次比句，表示"那个孩子不如我聪明"的"不及"语义。同样例（52a）表示"她不够漂亮"的语义，例（52b）表示"她不如我想象中漂亮"的语义。例（52b）不仅可以表达"不及"的语义，还可以表达说话人"惋惜、遗憾"的语用义。具体来说，说话人期待对方是漂亮的，但是实际对方的漂亮程度没有达到自己的期望值，因此而感到遗憾。同样例（52b）也含有类似的语用义，说话人期待对方比自己聪明，但实际对方没有自己聪明，因此而感到失望惋惜。

我们可以引入等级量表将次比句例（51b）、（52b）的语义图式化，以便更好地理解韩语次比句的语义。

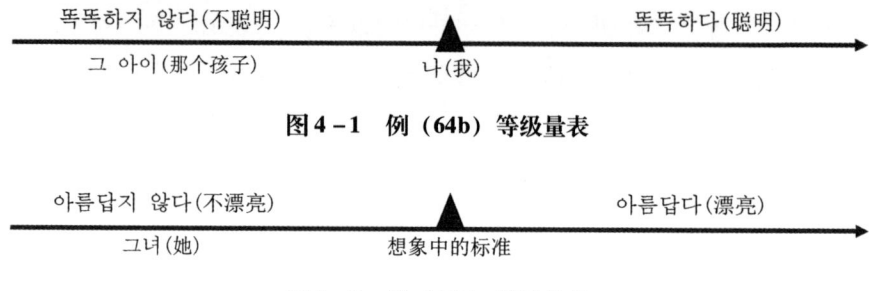

똑똑하지 않다(不聪明) ──────▲────── 똑똑하다(聪明)
그 아이(那个孩子)　　　　나(我)

图 4-1　例（64b）等级量表

아름답지 않다(不漂亮) ──────▲────── 아름답다(漂亮)
그녀(她)　　　　想象中的标准

图 4-2　例（65b）等级量表

通过上述分析，我们对"-보다 -지 못하다"型次比句的语义有了一个整体的把握。以下我们将再通过几个例句来进一步考察形容词作谓语的"-지 못하다"型次比句的句法语义特征。

(53) 이방은 저방보다 깨끗하지 못하다.

（这个房间不如那个房间干净。）

(54) "반향"으로 쓰는 경우가 많은데 "메아리" 보다 더 정확하지 못하다고 보고 버렸다．[《조선일보 과학 (93)》]

（很多情况下写成"回响"，但认为不如"回声"更准确。）

(55) 무용학원에 몇년씩 다닌 아이가 방학 동안에 여름학교에서 탈춤 동작을 배운 아이보다 몸놀림이 더 유연하지 못한 탓은 어디에 있는가？(《우리교육 중등용 9 월호》)

（上舞蹈学院几年的孩子，在暑假期间，比起在学校学习假面舞动作的孩子，身体动作更不灵活的原因何在？）

(56) 아직까지 말을 늦게 배운 아이가 일찍 배운 아이보다 유창하지 못하다는 증거는 없다．(《좋은생각 1999 년 12 월호》)

（到目前为止，还没有证据表明学话晚的孩子不如学话早的孩子说得流利。）

以上例（53）—（56）都是形容词作谓语表示"不及"语义的"-지 못하다"型次比句。例（53）是将"这个房间"和"那个房间"的

"干净程度"作比较,从而得出"这个房间没有那个房间干净"的次比语义。例(54)是将用"반향(回响)"这个词还是用"메아리(回声)"这个词的"准确程度"做比较,得出了"用'반향(回响)'这个词没有用'메아리(回声)'这个词准确"的次比语义。例(55)是将"在舞蹈学院学习了几年的孩子"和"假期在暑期学校学习假面舞动作的孩子"的"动作的柔软程度"进行了比较,得出了"前者没有后者的动作柔软舒展"的语义。例(56)是将"晚说话的孩子"和"早说话的孩子"说话的流畅程度进行了比较,从而得出了"前者说话的流畅程度不如后者"的次比语义。由以上例句可知,形容词作谓语的"지 못하다"型次比句的语义就是表示"比较主体在某方面的属性程度不如后者"的次比语义。如例(54)、(55)所示,谓语形容词前还可以出现程度副词"더"起到强化"不及"语义的作用。例(53)—(56)中的谓语形容词都是由肯定的、积极的形容词词语来承担的,而消极形容词一般不能出现在"-지 못하다"型次比句中。"-지 못하다"型次比句表示"达不到某种程度而感到遗憾惋惜,期待出现某种好结果"的语义,而消极的形容词一般不会是说话人期待的结果,因此在句中出现的表示程度的形容词都必须是正面的积极的。

三 "-만큼 -지 않다"型次比句句法语义

通过考察语料,我们发现"X는 Y 만큼 Z 지 않다"句式也可以表达"不及"语义。"X는 Y 만큼 Z 지 않다"中的比较标记是后置词"만큼","만큼"的词汇语义是"表示相似的程度或限度"。"만큼"除了是表示比较功能的后置词外,还是一个依存名词。김정아(金贞我)(1998:182—183)提出,"만큼(相似)"本来是一个名词,经过语法化的历程而逐渐具有了后置词的功能。

"X는 Y 만큼 Z"这一句式可以表达"等同"语义。这一句式的"等同"语义主要是通过后置词"만큼(相似)"体现出来的。"만큼(相似)"等同句和"보다(比)"优比句的句法结构一致,也是四个基本句法成分比较主体、比较基准、比较标记和比较结果构成。比较结果可以由具有[+程度性]语义特征的各种词类来充当。首先我们先来分

析一下"만큼（相似）"等比句的句法语义。

(57) 장끼가 닭만큼 크다.
（公鸡和鸡一样大。）

(58) 이번 겨울이 작년 겨울만큼 따뜻하다.
（今年冬天和去年冬天一样暖和。）

(59) 동생이 오빠만큼 수재이다.
（弟弟和哥哥一样是才子。）

(60) 석이가 부모님만큼 선생님을 존경한다.
（硕像父母一样尊敬老师。）

(61) 현이가 욱이만큼 빨리 달린다.
（贤跑得和旭一样快。）

例（57）—（61）都是由"만큼（相似）"充当比较标记的表示"等同义"的比较句。例（57）、（58）是由具有［+程度性］语义特征的形容词充当，其中例（57）中充当比较结果的"크다（大）"是客观形容词，例（58）中充当比较结果的"따뜻하다（暖和）"是主观形容词。例（59）是由名词充当比较结果的情况。例（60）、（61）是由动词性短语充当比较结果的情况。由于"만큼（相似）"等比句是表示"等同"语义，也就说比较主体和比较基准之间在某种属性上不存在上下高低之分，因此句中不能出现程度副词"더（更）""훨씬（更加）""조금（一点儿）"等，程度副词与"만큼（相似）"等比句存在语义冲突。

"X는 Y만큼 Z"的否定形式是"X는 Y만큼 Z지 않다"，这个句式可以表达"不及"语义。例如：

(62) 하지만 그들의 일상은 그들의 관계만큼 특별하지 않다. （《조선일보 2002년 기사: 문화》）
（但是他们的日常没有他们的关系特别。）

(63) 그러나 회의장 분위기는 생각만큼 긴박하지 않았다. （《동아일보, 칼럼(91)》）
（但是会场的氛围没有想象的紧张。）

(64) 그 말을 전하는 박기방은 그러나 이종술씨만큼 슬퍼하지 않았다. （송하춘,《하백의 딸들》）

(传话的朴基方没有李钟成伤心。)

(65) 그러나 형기와 성호는 춘기만큼 놀라지 않았다. (김지용,《보이지 않는 나라》)

(亨基和成浩没有春基惊讶。)

例(62)—(65)中都是"만큼(相似)"等比句的否定形式"X는 Y 만큼 Z 지 않다",我们认为这类句式可以表达"不及"语义。例(62)是由性状形容词充当比较结果的情况,句子表达的语义是"他们的日常没有他们的关系特别",例(63)同样也是由性状形容词充当比较结果的情况,表达的语义是"会场的氛围没有想象的紧张",例(64)中的比较结果是由心理动词"슬퍼하다(伤心)"来充当的,句子语义是"传话的朴基方没有李钟成伤心",例(65)中同样也是由心理动词"놀라다(惊讶)"来充当的比较结果,它的语义是"亨基和成浩没有春基惊讶"。由此可见,汉语等比句的否定形式表达"不及"义可以和汉语的"没有"句相互对应。在韩语中,"-만큼 -지 않다"可以表达"不及"语义。比较项都是由体词性成分充当,比较结果可以由动词性成分充当,也可以由形容词性成分充当,在这两点上与"보다(比)"优比句表现出了句法上一致性。

第三节 汉韩语次比句对比研究

在前文中我们讨论了汉韩语中表示"不及"义的次比句的编码方式,在汉语中主要是"没有"句,在韩语中主要有三种表达方式,我们分为词汇型次比句和句法型次比句。词汇型次比句是指在比较结果前添加副词"덜"的"X는 Y 보다 덜 Z"型次比句;句法型次比句一类是"X는 Y 보다 Z 지 못하다"型次比句,一类是"X는 Y 만큼 Z 지 않다"型次比句。

汉韩语次比句句法形式上存在的最大差异表现为否定词附加在不同的成分上。汉语"没有"句中否定词"没"出现在动词"有"前,构成比较标记"没有"。而韩语次比句特别是句法型次比句中,否定词加在谓语成分之后,比较标记没有发生任何改变。我们认为这主要是因为韩语

的差比标记"보다（比）"，等比标记"만큼（相似）"已经完成语法化的过程，完全虚化为介词。而"有"还具有动词的性质，因此否定词可以加在具有动词性质的"有"前面。

在"没有"句中，谓语成分前后不能出现程度副词和程度差异成分，这主要是受语义对句法结构的制约作用的影响。并且"没有"句中对充当比较结果的形容词的语义选择具有倾向性，一般来说，只有积极形容词和中性形容词可以出现在比较结果的位置上，而消极形容词不能充当比较结果，为了提高句子的可接受度，可以在消极形容词前加指示代词"那么/这么"。韩语"덜（不及）"词汇型次比句中，"덜（不及）"前既可以出现程度副词"좀（一点儿）""훨씬（更加）"等，也可以出现程度差异成分具体数值。

当比较结果项由性质形容词充当时，"X 는 Y 보다 Z 지 못하다"型次比句和汉语"X 没有 YZ"句可以形成对应关系，并且两者在语义表达上存在着共性。首先两者都是表示"不及"语义，并且在语用义表达上，两者都可以表达因没有达到某个基准的程度而感到惋惜可惜的感情色彩。在前文的讨论中我们提到过"没有"句中比较结果有积极形容词充当时是无标记的，而由消极形容词充当时，是有标记的。"X 는 Y 보다 Z 지 못하다"型次比句的比较结果一般也只能由积极形容词来充当，这主要是出于语用原则中的礼貌原则的考量。在韩语中，"X 는 Y 만큼 Z 지 않다"可以表达"不及"语义，也可以与"没有"句形成对应关系。

第四节　汉韩语比较句肯定否定形式不对称现象分析

一　比较结果项添加附属成分的不对称性

在前文的讨论中，我们提到汉语优比句中充当比较结果的形容词后可以带数量成分，充当句子的补语，这些数量成分即可以是确定的数值也可以是模糊小量或模糊大量，也就是说，"比"字句中形容词做比较结果时，其后可以自由添加附属成分。但是在"不比"句中，具体或模糊数值一般都不能用于"不比"句中，即"不比"句的比较结果项一般为光杆形容词，不能自由添加附属成分。例如：

(66) a. 我比你高（一）点儿／（一）些。

b. *我不比你高（一）点儿／（一）些。

(67) a. 我比你高三厘米。

b. *我不比你高三厘米。

在韩语中，优比句的比较结果项可以自由添加附属成分，但是句法型次比句"X 는 Y 보다 Z 지 못하다"中，具体或模糊的数值都不能出现在比较结果项之前。例如：

(68) a. 나는 너보다 좀 더 크다.

（我比你高一点儿。）

b. *나는 너보다 좀 더 크지 못하다.

*（我没有你高一点儿。）

(69) a. 나는 너보다 백 배는 예뻤다.

（我比你漂亮一百倍。）

b. *나는 너보다 백 배는 예뻤지 못하다.

*（我比你没有漂亮一百倍。）

分析例（68a）、（69a）我们发现，优比句的比较结果前既可以出现模糊量副词"좀（一点儿）"，也可以出现具体数值"백 배（百倍）"等。但是在次比句中，如例（68b）、（69b）所示，具体或模糊量都不能出现在比较结果之前。在韩语差比句中也同样存在这样一种不对称性。崔维真（2014：17）曾指出，差比句比较结果项可能存在的不对称性，具有语言共性。她还考察了缅甸语、泰语、印尼语、英语、越南语，发现这些语言中也同样存在差比句的肯定否定形式中比较结果添加附属成分的不对称性这一语言共性。

二　形容词比较结果语义倾向的不对称性

汉语中"有"字句和"没有"句的不对称性主要表现在充当比较结果的形容词的语义倾向有所不同。我们认为在"有"字句中，一般是由积极形容词和中性形容词来充当比较结果，若由消极形容词来充当比较结果，句子语义不成立。但是在"没有"句中，消极形容词也可以充当比较结果，此时只需要在"没有"句消极形容词前添加指示词"这么/那么"，句子就完全可以成立。例如：

(70) a. *弟弟有哥哥那么矮。

　　　b. 弟弟没有哥哥那么矮。

(71) a. *妹妹有姐姐那么丑。

　　　b. 妹妹没有姐姐那么丑。

(72) a. 今天有昨天那么冷。

　　　b. 今天没有昨天那么冷。

例（70）、（71）中充当比较结果的形容词都是消极形容词，但是消极形容词不能出现在"有"字句中。例（72）中的充当比较结果的形容词是中性形容词，中性形容词既可以出现在"有"字句中，也可以出现在"没有"句中。因此我们可以说，积极形容词和中性形容词既可以出现在"有"字句中，也可以出现在"没有"句中，而消极形容词只能出现在"没有"句中。

在韩语中，"X 는 Y 만큼 Z"可以表达"等比"语义，它的否定形式为"X 는 Y 만큼 Z 지 않다"。我们发现"만큼（相似）"比较句的肯定形式和否定形式中由形容词充当比较结果时，形容词的语义倾向也存在不对称性。具体来说，"만큼（相似）"肯定形式中一般是由积极形容词和中性形容词来充当比较结果的，由消极形容词充当比较结果的"만큼（相似）"肯定形式不常用。在"만큼（相似）"否定形式中，消极形容词也可以充当比较结果。例如：

(73) a. 형은 동생만큼 크다. （哥哥和弟弟一样高。）

　　　b. 형은 동생만큼 크지 않다. （哥哥没有弟弟高。）

(74) a. ? 형은 동생만큼 작다. (? 哥哥和弟弟一样矮。)

　　　b. 형은 동생만큼 작지 않다. （哥哥没有弟弟矮。）

(75) a. 오늘은 어제만큼 춥다. （今天和昨天一样冷。）

　　　b. 오늘은 어제만큼 춥지 않다. （今天没有昨天冷。）

以上三个例句中，"만큼（相似）"肯定句中形容词一般都是由积极形容词和中性形容词充当，而消极形容词一般不能出现，虽然语法上没有任何问题，但是语义上不成立。"만큼（相似）"否定句中，积极形容

词、消极形容词和中性形容词都可以充当比较结果，语义上都可以成立。

由此可见，汉韩语比较句中形容词充当比较结果时，形容词的语义倾向上都存在不对称性。汉韩语比较句的肯定形式和否定形式在这一不对称性表现上存在共性。概括来说，就是"有"字句和"만큼"句中形容词充当比较结果时，只有积极形容词和中性形容词可以出现在比较结果的位置，一般都不会使用消极形容词。在"没有"句和"-만큼-지 않다"句中，积极形容词、中性形容词和消极形容词都可以出现在比较结果的位置。在"没有"句中，当消极形容词出现在比较结果位置时，形容词前一般要附加"这么/那么"指示词，而"-만큼-지 않다"句中，消极形容词可以以光杆的形式出现在比较结果的位置上。

三 差比句肯定形式和否定形式的形式语义不对称性

"比"字句和"不比"句的不对称现象也体现在语义功能上。在前文讨论汉语否定词时，我们曾提及，从纯逻辑的角度来说，一般的"肯定—否定"判断通常是一对二值判断，那么肯定句和对应的含有否定词的否定句的语义应该是相反的。但是比较句的情况比较特殊。张和友（2002：8）曾指出"比"字句肯定形式是单义的，而对应的"不比"句的否定形式却是多义的。例如：

(76) 他比我高

(77) 他不比我高。

例（76）中的语义是单一的，表示"胜过"语义，也就是我们前文中讨论的优比句，但是在"不比"句例（77）中，语义不是单一的，从逻辑上来讲，这个句子表示两个语义，或者是他和我一样高，或者是他比我矮。

韩语中"보다（比）"比较句的肯定形式和否定形式之间也存在形式语义的不对称性。优比句"보다（比）"句表达单一的"胜过"语义，"X는 Y보다 Z지 않다"在形式上是"보다（比）"句的否定形式。关于"X는 Y보다 Z지 않다"的语义，我们认为这个句式可以表达两种语义，一种是"等同"义，另一种是"不及"义。从形式上来看，"X는 Y보다 Z지 않다"是"X는 Y보다 Z"的否定形式，但是"X는 Y보다 Z

지 않다"却有自身的语义。

　　(78) 이 연필은 저 연필보다 길지 않다.

　　　　（这支铅笔不比那只铅笔长。）

从纯语义角度来说，例（78）有两种解读方式，一种是表明"这支铅笔和那支铅笔长度差不多"，表达"等同义"；另一种是表明"这支铅笔没有那支铅笔长"，表达"不及"义。

第 五 章

汉韩语差比标记及语序的类型学考察

差比句是语言类型学研究的重要参项。差比标记的来源和类型问题一直是类型学家们关注的重点问题。差比句的语序类型更是语序类型学一个相当重要的内容。在这一部分,我们将探讨汉韩语差比句比较标记的类型、来源以及在语序上呈现出的共性和个性。

第一节 汉韩语差比标记类型对比

一 汉语差比标记来源

前置介词"比"是现代汉语差比句最为典型的差比标记,但在先秦时期是由前置介词"于(於)"来充当比较标记的。先秦时期由"于(於)"构成的比较句的语序为"比较结果+于(於)+比较基准",如"苛政猛于虎也",比较标记位于比较结果和比较基准之间,符合语言类型学家们提出的前置词语言的共性。现代汉语中"比"作为比较标记构成的比较句的语序为"'比'+比较基准+比较结果"如:"季氏比周公富",语序并不符合语言类型学家们前置词语言的语序特征。通过比较古今比较句式,可以看出,"比"取代了"于(於)"成为比较句的比较语法标记,比较主体和比较基准都移到中心谓语之前,而这两种演变使汉语差比句在语言类型学中显示出了独特的价值。"于(於)"是如何消失,动词"比"如何演化为一个比较语法标记,这是我们这一部分要讨论的重点问题。

李讷、石毓智(1998)在《汉语比较句嬗变的动因》一文中指出比动句①中的"于(於)"在汉代已有松动,在魏晋南北朝时期完全消失,大约在同时期发展出了句法句式为"以+X+比+Y"的"以"字比动句,介词"以"出现在中心动词"比"之前引进比较项,这样就将前期两个比较项都放在"比"后的格局改变为与现代汉语一样的一前一后的语序。这个时期的"比"字还是一个普通动词,由于"于"的消亡和语序的改变,为"比"创造了向介词虚化的句法环境。②

关于"于"的失落为动词"比"的语法化创造了合适的句法环境这一点,李讷、石毓智(1998)也做出了合理的解释。第一个原因就是一个句子必须要有一个中心谓语,在"于"还没有消亡,还是比动句的必要成分时,单独做句子中心谓语的"比"不可能虚化为介词,否则句子就没有中心谓语了。第二个原因是"于"字短语与动词短语相互排斥,主要谓语动词之后如有"于"字短语,就不可能用作连动结构的第一动词,因而它也不具有虚化的必要句法环境。

二 韩语差比标记的来源

韩语差比句中最为典型的差比标记是"보다(比)"。"보다"作为一个动词具有"看"的语义,那么动词"보다"是怎么虚化演变为具有"比较义"的助词的呢?我们首先来看一下"보다"的语法化过程。김규하(金圭夏)(1995)中指出韩语差比句中比较标记"보다"是18世纪之后出现的,指出英祖十二年(1736)编写的《四女书谚解》中首次找到了"보다"语法化的例句。"보다"语法化过程是由"보다가"演变而来的,并且对"보다"的语法化过程进行了分析。

---

① 李讷、石毓智(1998:16)中提出秦汉时期主要有两种比较句型,一种是以形容词为中心位于的格式,即形比句,形比句的格式为"X+A+于+Y";另一种是普通动词"比"所在的比动句,其格式为"比+X+于+Y"。史佩信(1993)将先秦两汉比动句的格式分为五类:(1) 比X于YW,(2) X比之于YW,(3)(X)比于YW,(4) X比之YW,(5) X比YW。这五种格式反映了"于"逐渐消亡,"比"字逐渐由动词虚化为介词的过程。

② 李讷、石毓智:《汉语比较句嬗变的动因》,《世界汉语教学》1998年第3期。

差比标记"보다"与动词"보다(看)"的发音和词形完全一致,学界一般称其为"看"型差比标记。由表示视觉义看的动词来充当差比句的比较标记具有人类语言的共性。张定京(2004:501—502)中指出哈萨克语的比较标记除了可以用从格之外,还有用动词"看"的变化形式与向格或从格相搭配表达差比的情况。王双成(2009:242)提到西宁方言中可以使用动词性较强的"看"来介引基准,并指出这种表达方式在西宁方言和藏语安多方言中比较普遍,甚至在部分阿尔泰语言中也有相同的用法。

(1) 哥哥哈看呵还是兄弟歹。(王双成,2009:242)
　　(弟弟比哥哥能干。)

例(1)中的"哈"是一个完全语法化的介词,主要介引对象—比较基准。介词"哈"后的"看呵"也是标记之一,本身具有"和……比"的意义,可以看作是双重标记。

上古汉语中也存在"看"型比较标记。李靖之(1992:45)提出上古汉语有用"比"义动词构成的比较句,其中一类就是用含有"比"义的"望""观"等构成。例如:

(2) 以人望人,则贤者可知矣。(《礼记·表记》)
(3) 常惠谓(龚胜)曰:"我视君何若"(《汉书·龚胜转》)

视觉义动词"看"做差比句的比较标记具有类型学的语言共性。为什么视觉义动词"看"可以作比较标记表达比较义呢,可以说这是人类认识感知客观世界最直接最自然的反映,背后蕴含着深厚的认知基础。王艳红(2012:79)指出这是言者的主观性在语言中的映射。王文中提到比较行为最直接的动作就是"目测",在"目测"的过程中完成比较的行为,继而做出判断,这是言者主观性反映在语言上的一个实例。郑慧仁(2012)也曾指出"'看'作为一个及物动词,它的动作最终都要停留或固定在某一个事物上,由此形成一种相对稳定的基准性,从这种基准性出发,再来观照(打量/判断)属于同一范畴中的其他事物(比如空间或属性),得出一种差异性认识,因而产生了差比义"。

第二节　汉韩语差比句语序对比

　　差比句是语言类型学的重要参项，主要体现在差比句的语序是判断语言类型的重要标准之一。那么差比句的语序问题就显得尤为重要。在这一部分我们主要对汉韩语差比句的语序展开对比描写。

　　从句法角度来说，比较基准是形容词谓语的修饰成分，因此比较标记有介引修饰语（比较基准）给中心语（形容词）的作用。Dik（1997）提出了"联系项原则"，介引性的虚词都是属于"联系项"（relator），最为理想的位置是介于所联系的两个成分之间。对于差比句来说，就是让比较标记处于比较基准和中心语之间，这是符合"联系项原则"的，中介位置为联系项的理想位置。这也是人类语言多数结构的共性。

　　根据语言类型学家们提出的语言共性，SVO–前置词型语言的差比句中绝大多数都是基准在后，在基准上使用前置词作为比较标记，构成"形容词+标记+基准"的语序，比较标记处于中介位置。代表性的语言为英语和古汉语。英语"bigger than me"中"than"是比较标记，处于形容词"bigger"和"me"的中间位置，SOV–后置词型语言的差比句中绝大多数是比较基准在前，使用后置词作为比较标记，形成"比较基准+比较标记+形容词"的结构，这种语序也是符合联系项居中原则的。韩语差比句符合这种语言类型学的共性。

　　（4）백두산은 설악산보다 높다．（白头山比雪岳山高。）
　　（5）철수는 영수보다 크다．（哲洙比英洙高。）

　　分析以上两个例句，例（4）中比较基准是"설악산（雪岳山）"，形容词"높다（高）"充当比较结果，比较标记"보다（比）"位于中介位置，就构成了"比较基准+比较标记+形容词"的结构。例（5）中的比较基准是"영수（英洙）"，形容词"크다（高）"充当比较结果，比较标记"보다（比）"位于中介位置，构成"比较基准+比较标记+形容词"的结构。由例（4）、（5）这两例韩语典型的差比句结构反映出韩语差比结构符合人类语言的共性。

　　我们考察典型的汉语差比句结构为"比较标记+比较基准+形容

词",比较标记并不位于联系项的理想中介位置,既不符合联系项居中的原则,也不符合人类语言的共性。

在汉语中,比较标记"比"出现在比较基准之前,韩语比较标记"보다(比)"出现在比较基准之前,比较基准和比较标记的位置只有在前或在后两种表现形式。但是由比较基准和比较标记构成的"基准短语"在句中的位置却呈现出不同的情况,有的语言基准短语的位置比较自由,有的语言则需要条件,相对比较固定。崔健(2010:91)指出基准短语的位移取决于比较标记的性质,同时也跟结构语序类型特点相关。以下我们首先对汉韩语差比句中基准短语在句中的语序位置进行描写。

(6) a. 동생은 형보다 크다. (弟弟比哥哥高。)

　　b. 형보다 동생은 크다. (比起哥哥,弟弟高。)

(7) a. 张三比李四高。

　　b. ＊比李四张三高。

　　c. 比起李四,张三高。

例(6)中基准短语既可以位于比较主体前,也可以出现在比较主体后。而汉语中基准短语的语序是固定的。韩语差比句的基准短语在句中的语序较为自由,既可以出现在比较主体前,也可以出现在比较主体后。基准短语的位置可前可后,但也存在无标记和无标记之分。金燕(2007:10)对《韩国语用例索引》中的120个"보다"句,其中基准短语位于比较主体后的情况共有113例,约占94.2%,属于无标记格式,而基准短语位于比较主体后的情况共有7例,只占5.8%。属于有标记格式。

如例(7b)所示,基准短语不能出现在比较主体前。但有时为了突出强调比较基准,比较基准也可以出现在比较主体前,但不能使用"比"字句,而一般借助于其他词汇性手段。正如例(7c)所示。

(8) a. 그는 나보다 중국어를 잘 한다.

　　b. 나보다 그는 중국어를 잘 한다.

　　c. 그는 중국어를 나보다 잘 한다.

　　d. 그는 중국어를 잘 하다 나보다.

　　e. 중국어를 그는 나보다 잘 하다.

　　f. 중국어를 나보다 그는 잘 한다.

（他中文比我好。）

例（8a）—（8f）中比较基准"나보다（比我）"在句中的位置比较自由，韩语有丰富发达的助词，这些助词可以附加在体词性成分之前赋予它们语法功能，因此语序可以相对比较自由，而汉语差比句的语序比较严格，语序也能在句中充当一定的语法意义。

第三节　汉韩语差比句的类型学特点

汉语差比句不能拿谓语或谓语的一部分作为比较主体与比较基准展开对比。在韩语中，宾语成分可以充当比较主语与比较基准展开对比。例如：

(9) a. 나는 사과보다 배를 더 좋아한다.

　　b. *我比苹果更喜欢梨。

　　c. 比起苹果，我更喜欢梨。

在例（9）中，比较主体是充当句子宾语成分的"배（梨）"，比较主体是"사과（苹果）"，这个句子是成立。而相应的汉语差比句例（9b）就不成立，此时一般采用意译的方式或者是采用"比起"词汇性比较句。

英语的差比句的比较主体也可以不是主语，可以是表语或谓语中的一部分，包括谓语核心本身。例如：

(10) a. She is more a friend than a teacher.（比较主体：friend；比较基准：teacher）

　　b. *她比老师更是朋友。

　　c. 与其说她是老师，不如是说朋友。

(11) a. He likes bread more than rice.（比较主体：bread；比较基准：rice）

　　b. *他比米饭更爱面包。

　　c. 他面包比米饭更爱吃。

　　d. 比起米饭，他更爱吃面包。

例（10a）中作表语的名词充当比较主体，例（11a）中比较主体

"bread"位于宾语位置（谓语内的成分）。如果我们将两个句子按照典型汉语差比句的句式表达翻译为汉语（10b）、（11b）时，句子全部不合格。只能采用意译的方式，如若翻译为例（11c）的形式，则将比较主体"面包"放在话题域的位置，或者像例（10c）、（11d）一样采用复句的翻译方式。

刘丹青（2012：2—7）中指出汉语差比句是话题结构作为显赫范畴进行扩张的典型个例。汉语"比"字差比句是一种话题结构，是用话题结构的句法形式来表达差比句的内容，因此其比较主体、基准等方面都享受话题结构的自由度，也遵循话题结构的一些生成规则，其结构受到话题特有的句法限制，汉语差比句的比较主体和比较基准都受制于其话题属性，只能位于话题域。体现出了差比句和话题结构的高度同构性。[①]通过以上我们考察的韩语和英语例句可以看出，韩英语中的差比句是一种独立的句式，与话题结构没有任何关系，可以根据表达的需要选择不同句法位置的成分来展示比较主体及与基准的关系。

---

① 刘丹青：《汉语差比句和话题结构的同构性——显赫范畴的扩张力一例》，《语言研究》2012年第4期。

第 六 章

结　　语

第一节　主要结论

　　比较是人类最基本的认知方式和思维方法之一。"比较"这一认知世界的思维方式反映在语言中，便成为人类言语行为中必不可少的表达方式，在人类日常生活交流中占据重要地位。"差比"语义又是"比较"表达中的重中之重，"差比"表达要比"平比"表达更加体现人类思维的复杂性，因此在编码方式上也表现出复杂性。"差比"语义的句法实现因语言而异。对汉韩语"差比"范畴展开对比研究，可以把握汉韩语中"差比"语义编码方式的异同，对汉韩二语学习者提供一些帮助。同时差比句在语言类型学的研究中占有举足轻重的地位，通过对汉韩语差比句句法语义、语序等方面的详细描写，可以为语言类型学的共性研究提供一些语料上的支持。

　　本书主要是从对比的角度对汉韩差比范畴的编码方式展开详细的对比描写，讨论了它们在句法功能、语义功能、语序类型等方面的共性和差异。本书的主要结论如下：

　　1.差比范畴可以看作是一个语义范畴，但是"差比"的内涵和外延问题学界仍然没有定论，这就导致对于差比范畴的界定不明确。为了首先明确本书的研究对象，我们讨论了差比范畴的语义基础和差比关系的编码手段。我们首先归纳总结了汉韩语差比范畴建立的四个语义基础，分别是［＋可比性］、［＋同类比较］、［＋差异性］和［＋程度/数量变化义］这四个语义特征。两个事物必须具有可比性才能进行比较，这是比较行为更够展开的大前提。［＋同类比较］是将比较范畴和其他邻近相似范畴区别开来的一个语义特征，差比范畴的根本语义因子是［＋差异性］，［＋程度/数量变化义］有时会蕴含在差异性语义之中，有时则需要单独将［＋程度/数量变化义］区分出来。汉韩差比关系的编码手段存在不同，汉语中存在句法型手段、词汇型手段、纯语序手段这三种编码差比关系的手段，而由于韩语是形态比较丰富的语言，不存在用纯语序来表达差比关系的方式。

2. 我们在原型理论的指导下，引入了差比语义的等级量表，将差比范畴分为两个下位语义范畴，即优比范畴和次比范畴。我们认为能够进入优比范畴和次比范畴的句式必须同时满足语义和句法上的条件。即语义上必须满足以上我们提出差比范畴的四个语义基础，在句法上必须满足具备四个基本类型参项——比较主体、比较基准、比较标记和比较结果，缺一不可。优比范畴中的典型句式为优比句，汉语中主要是"比"字句，韩语中主要是"보다 더"句式。次比范畴中的典型句式为次比句，汉语中主要是"没有"句，韩语中我们分为词汇型次比句和句法型次比句，词汇型次比句主要是"보다 덜"句式，次比语义主要是由"덜"来决定，句法型次比句主要是"－보다－지 못하다"句式和"－만큼－지 않다"句式。

3. 所谓的优比句指两个事物具有的某种可分级特性在等级量表上一方超过另一方，比较主体的等级高于比较基准。汉语优比句的句法形式表达为"X 比 YZ"，韩语优比句的句法形式表达为"X 는 Y 보다 (더) Z"，汉韩语中优比句具有对应关系。我们分别讨论了汉韩语优比句中比较项和比较结果的编码手段，即分别可以由哪些成分来充当，找出句法共同点和不同点。

（1）比较项：从充当汉韩语优比句的比较项的句法成分来看，两种语言有同有异。两种语言中表现出的最大一致性是比较项都可以由名词、名词短语和代词来充当。汉语优比句中数量短语可以充当比较项，构成"一 M 比一 M ＋ VP"的句式，但是在韩语优比句中，类似的数量短语不能充当比较项。韩语中表达"一 M 比一 M ＋ VP"的句式的"递进义"，一般可以在句中使用表示"递进义"的副词"점점"或者是"갈수록"。

这是汉韩语优比句比较项的句法构成上存在的不一致现象之一。汉韩语优比句充当比较项成分的又一不同点是汉语优比句的比较项在一定条件下可以直接由谓词性短语成分充当，而韩语属于形态比较丰富的语言，谓词性成分只有先变成名词性成分后才能进入句中充当比较项。汉韩语优比句比较项存在的第三个不一致现象是韩语优比句中的比较项必须遵循"句法相同"的规则，而汉语优比句则不然，即使两个比较项的词类和句法功能都不一致，仍然可以进行比较。

在比较项语义方面，汉韩语优比句的比较项都具有他比义和自比义、同一认知域和不同认知域两种语义特征。汉韩语优比句的比较项在表达的语义方面存在共性，这进一步表明中韩两国人民对能够构成比较关系的两个事物存在着认知上的一致性。

（2）比较结果：汉韩语优比句要体现两个对象在某一属性上的程度或数量差异。比较的行为是靠比较结果"比"来体现，而程度或数量差异这一语义特征是通过比较结果项来表现的。汉韩语中在编码比较结果时，会受到语义上的限制，有不同的编码方式。总体来说，形容词、动词和名词都可以充当比较结果，但由于受语义上的限制，对其编码方式的对比考察是十分有必要的。

A. 汉韩语优比句中形容词充当比较结果的情况

我们首先论证了以往的研究中提出的相对性质形容词可以充当比较句的缺陷，进而在前人对形容词研究的基础上，将形容词分为定量形容词和非定量形容词，考察两者的语义可以得出只有非定量形容词能够充当比较结果。非定量形容词前可以出现客观微量程度词"稍微、略微、稍稍"等，也可以出现客观高量程度词"更加、更、愈加"等。非定量形容词后还可以附加程度差异成分，主要是具体或模糊数值或者是以程度补语的形式体现。在汉语优比句中，非定量形容词前最常出现的程度副词是"更/还"。程度副词"更"出现在非定量形容词前时，其后只能与表示模糊小量的后置数量补语同现，而"还"不仅可以和表示模糊小量的后置数量短语同现，还可以和确定量同现。

在韩语优比句中，具有程度性语义特征的性状形容词可以充当比较结果项。由于韩语是前置性语言，所以程度副词和程度差异成分都是出

现在性状形容词之前充当句子的状语。可以出现在性状形容词前的程度副词主要是表微量的程度副词"조금（一点儿）""좀（一点儿）"以及表高量的程度副词"더（更）""훨씬（更加）""아주（很）"。这点与汉语存在着共性，可以相互对应。性状形容词前的程度差异成分主要由具体的数值名词来充当，充当句子的状语，而在汉语中程度差异成分主要是做句子的补语。

关于汉韩语优比句中形容词充当比较结果的编码情况，我们可以通过以下表格进行对比总结。

表6-1　　汉韩语优比句中形容词充当比较结果的编码情况

	状语	谓语	补语
汉语	程度副词： 客观微量程度词 客观高量程度词	非定量形容词	程度差异成分： 具体或模糊数值程度补语
韩语	程度副词： 客观微量程度词 客观高量程度词 程度差异成分： 具体的数值名词	性状形容词	

B. 汉韩语优比句中动词充当比较结果的情况

在汉韩语优比句中数量动词和心理动词都可以充当比较结果项。数量动词具有［+数量变化］的语义特征，心理动词具有［+程度变化］的语义特征，因此两种词类都可以充当比较结果。在汉韩语优比句中数量动词都不能以光杆形式出现充当比较结果，要添加表示数量差异的词语。在汉语中表达差异的方式有两种，一是在数量动词后加数词或数量短语；二是在数量动词后加时体动词"了"。在韩语中主要是通过在数量动词前加数词、数量短语或副词来表达差异。在汉语优比句中，副词"更/还"一般不能出现在数量动词前，而"더（更）"可以出现在数量动词前。心理动词和形容词的性质很接近，因此可以充当优比句的比较

结果。当汉韩语心理动词充当比较结果时,其前可以加程度副词"更/还"或"더"。

一般动词不具备[+程度/数量变化]的语义特征,一般要添加具有程度变化义或主观语义的成分来使整个动词性成分具有[+变化]的语义。在汉语中,一般动词若要充当比较结果,一般有四种实现途径:形容词+动词;助动词+动词;动词+非定量形容词;有+抽象名词。在韩语中,一般动词充当比较结果有三种实现途径:副词+动词;动词+惯用型;抽象名词+있다。

表6-2　　汉韩语优比句动词充当比较结果的编码形式对比

	状语	谓语	补语
汉语	程度副词: 客观微量程度词 客观高量程度词	非定量形容词	程度差异成分: 具体或模糊数值程度补语
韩语	程度副词: 客观微量程度词 客观高量程度词 程度差异成分: 具体的数值名词	性状形容词	

C. 汉韩语优比句中名词充当比较结果的情况

在韩语优比句中名词充当比较结果的现象相对广泛,一般是以"名词+이다"的形式出现的。我们从语义特征入手分析了在优比句中充当比较结果的名词具有的三类语义特征,分别是同时满足[+程度性]、[+方位]语义特征的名词,如"위(上)/아래(下)/밑(下)/앞(前)/뒤(后)";同时满足[+程度性]、[+人]、[+可测]的名词,如"선배(前辈)/부자(富人)/미인(美人)/천재(天才)"等;同时满足[+程度性]、[+属性]的名词,主要是"抽象名词+적"派生词。在汉语中存在一类带比较标记"比"的特殊格式"N_1比N_2还N_2"。我们认为这类结构表示"比况义",不属于讨论的优比句的语义范畴,因

此可以说汉语优比句中不存在名词充当比较结果的情况。

在比较结果的语义方面，根据程度差别的不同，比较结果的语义可以表示一般比较义和强化比较义。汉韩语优比句的比较结果表达一般比较义时，一般在句法结构上体现为光杆非定量形容词独立充当比较结果。一般比较义主要可以体现出比较主体和比较基准在某个属性上的程度差异关系，但是并不预设两者都具有这个属性。汉韩语优比句的比较结果表示强化比较义时，汉语优比句中一般可以添加程度副词"更/还"，韩语优比句中一般添加程度副词"더（更）"表达强化比较义。

4. 所谓次比句，是指在等级列表上比较主体位于比较基准的左边，即低位位置的句子，同时句子还必须要满足一定的句法形式，具有比较标记。汉语"没有"句同优比句一样，也是由四个类型参项比较主体、比较基准、比较标记和比较结果构成。"没有"句可以表达"不及"语义，前者中比较项一般也可以由体词性成分和谓词性成分来充当，比较结果可以由形容词、心理动词、动词+形容词、形容词+动词、有+名词、助动词+动词来充当。这六种形式中，其前都不能添加程度副词，其后也不能附加表示程度差异的成分。

我们将韩语次比句分为词汇型次比句和句法型次比句。词汇型次比句主要是"덜（不及）"型次比句，"덜（不及）"是程度副词，可以跟在形容词、动词前，表示"不及"语义。在"X는 Y보다 덜 Z"这个句式中，"덜"前可以出现表示程度差别的副词或数量成分。关于句法型次比句，我们主要讨论了"X는 Y보다 Z지 못하다"句式和"X는 Y만큼 Z지 않다"两类句式。长型否定"지 못하다"一般不能用来否定形容词，但在话者想要表达比较主体的某种属性没有达到某个基准而感到惋惜的语用义时，可以使用"X는 Y보다 Z지 못하다"，表达不及义。出现在这类句式中的形容词必须是积极性形容词。"X는 Y만큼 Z지 않다"也可以表达"不及"义，与汉语"没有"句相互对应。

在第四章的最后一部分，我们还对汉韩语比较句肯定形式和否定形式中存在的一系列不对称现象进行了对比分析，发现了两种语言中存在的一些共性。我们从比较结果项添加附属成分的不对称性、形容词比较结果语义倾向的不对称性、差比句肯定形式和否定形式的形式语义不对称性三个方面进行了汉韩语比较句对比发现两种语言存在共性。

5. 汉韩语差比句中的比较标记和语序问题是类型学家关注的重点。我们在前人学者研究的基础上，对汉韩语差比句典型比较标记"比""보다（比）"的来源进行了考察，两者都是由动词经过语法化过程虚化而来的。在先秦时期，主要以"于"为比较标记，"比"还是动词词性。"于"的失落为比较动词"比"的语法化创造了合适的语法环境。韩语差比句比较标记"보다（比）"来源于实义动词"看"，"看"型比较标记具有类型学的共性。

从语序上来看，汉语差比句中比较标记不符合"联系项原则"，韩语差比句中比较标记符合"联系项原则"，符合人类语言的共性。比较基准和比较标记可以构成比较基准短语，韩语差比句中比较基准短语的语序较汉语差比句比较基准的语序更为自由。最后我们考察了汉韩语差比句的一个类型学特点，即汉语差比句不能拿谓语或谓语的一部分作为比较主体于比较基准展开对比。在韩语中，宾语成分可以充当比较主语与比较基准展开对比。这主要是由因为汉语差比句是话题结构作为显赫范畴进行扩张的典型个例，因此在句法构成上要遵循话题结构的一些生成规则和限制。

第二节　创新及不足之处

本书的创新之处主要体现在：

第一，本书在原型范畴理论的指导下，重新考察了差比范畴的语义基础和编码方式，并进一步将差比范畴分为优比和次比两个下位语义范畴，确立了适用于汉韩语对比的研究框架。

第二，我们找出了汉韩语中差比范畴两个次范畴——优比范畴和次比范畴的典型句式，进行了详细的句法语义描写。我们将韩语次比范畴的典型句式划分为词汇型次比句和句法型次比句，分析了各自的编码方式，对韩语的次比范畴有了较为全面细致的把握。

第三，通过对汉韩语比较句的不对称现象的分析，我们发现汉韩语在比较结果项添加附属成分方面、形容词作比较结果的语义倾向性方面、差比句肯定形式和否定形式的形式语义所存在的不对称性现象方面，两种语言存在共性。

由于笔者学识能力有限，本书仅就汉韩语差比范畴进行了对比研究，还要一些问题有待更进一步深入研究。

第一，汉韩语差比句比较点的问题有待进行更深入的研究，比较点的省略、隐含等在汉韩语差比句中分别是如何体现的，有哪些表现形式，特别是韩语差比句中的比较点的问题值得深入研究。

第二，本书只从共时的层面对比现代汉语和韩语的差比范畴，没有从历时层面考察汉韩语差比范畴是如何发展演变而来的，在这个过程中汉韩语差比范畴出现了哪些差异和变化，这些差异和变化对现代汉韩语差比范畴的使用产生了哪些影响等。共时研究和历时研究相结合会促进汉韩语差比范畴的研究有更深层的认识。

第三，本书的语料没有采用平行语料，主要是因为存在形成规模的大型汉韩对比语料库的建设不完备，韩中文学作品的对比语料存在译者主观上翻译色彩等问题。再加上由于笔者能力精力有限，未能收集到大量的相关语料。在今后的研究中，利用更多的平行语料，添加汉韩互译的翻译视角，力求使汉韩语对比和分析更加直观。

参考文献

一　外文文献

고영근, 구본관, 2018,『우리말 문법론』, 집문당.

구본관, 박재연, 이선웅, 이진호, 황선엽 공저, 2015,『한국어 문법 총론Ⅰ』, 집문당.

구본관, 박재연, 이선웅, 이진호, 황선엽 공저, 2015,『한국어 문법 총론Ⅱ』, 집문당.

구종남, 1991, 부정의 영역과 언어 내적 논리 – 단형 부정문의 중의적 해석과 관련하여 – , 국어국문학.

김규하, 1995, 국어 비교구문에 관한 역사적 연구, 경상대학교 박사학위논문.

김건희, 2003, 심리 형용사 연구, 언어학.

김경열, 2007, 비교구문의 범위와 특성에 대하여, 개신어문연구 .

김정대, 1993, 한국어 비교구문의 통사론, 계명대학교 박사학위논문.

김홍수, 1989,『현대국어 심리동사 구문 연구』, 탑출판사.

곽휘, 2011, 현대 한국어 차등비교구문 연구, 서울대학교 석사학위논문.

류병래, 2017, 한국어 비교구문의 비교표지 "더" 의 필수성과 수의성, language and information.

목정수, 2006, 한국어 문법 체계에서의 '이다' 의 정체성—기능동사 옹호론, 어문연구.

박기성, 2011, 영어와 한국어 비교구문 의미론 연구, 언어과학.

박신순, 1991, 현대 국어의 정도어와 비교구문의 연구, 동덕여대 대학원 석사학위논문.

박철우, 2006, '이다' 구문의 통사구조와 {이}의 문법적 지위, 한국어학.

손평효, 2012, 공간말 '위', '아래'의 의미, 한국어 의미학.

송홍규, 2016, 차등 비교 구문과 정도차 표현, 동악어문학.

송홍규, 2017, '덜'이 쓰인 차등 비교구문의 특성, 우리어문연구.

오경숙, 2003, '보다' 비교구문의 의미와 정도성, 국어학.

우순조, 2008, '보다' 성분의 유형과 유사 비교 구문, 언어학.

우순조, 2016, 한국어 차등비교구문에서의 '더'와 '덜'의 분포 연구, 국어학.

이성범, 2014, 국어의 비교구문의 유형별 추론에 관한 실험화용적 연구, 언어과학.

이호승, 2008, 조사 "보다, 처럼"의 문법적 지위, 개신언문연구.

이승명, 1992, 국어 비교 구문과 전제, 수련어문논집.

이연옥, 2014, '만큼' 동등 비교구문의 연구, 어문학.

임지룡, 1987, 정도그림씨의 의미대립 특성, 언어.

임채훈, 2002, 국어 비유구문의 의미 연구, 한국어 의미학.

장예, 2013, 중국인 한국어 학습자의 심리동사 습득 오류 연구, 고려대학교 일반대학원 언어학과 석사학위논문.

장희견, 2017, 한국어 명사적 표현의 현저성 정도에 대한 연구 – 한.중 대조를 중심으로 –, 서울대학교 대학원 국어학 전공 박사학위 논문.

정성훈, 2014, 현대 한국어 부사에 대한 계량언어학적 연구 – 확률 통계 모형과 네트워크를 이용한 분석 –, 서울대학교 대학원 언어학과 언어학 전공 박사학위 논문.

정인교, 1981, 한국어 비교구문에 대해서 – 특히 '보다 – 더 –' 구문을 중심으로, 언어과학연구.

정인수, 1998, 국어 차등 비교 형용사구문의 의미 연구, 어문학.

정철주, 1984, 차등비교구문과 기준, 계명어문학.

채유영, 2015, 현대국어 명사형 어미 '–음'과 '–기'의 연구, 서강대학교 대학원 국어국문학과 삭사학위 논문.

최건, 2010, 유형학적 관점에서 본 한중 차등비교구문의 차이, 중국언어연구.

최종식, 2017, 한중 비교표현의 대응관계 연구, 동북아문화연구.

하길종, 1998, 비교와 비유의 의미 – 비교와 직유를 중심으로, 한국어학.

하길종, 1998, 비교와 비유의 의미, 한국어학.

하길종, 2003, 직유 표현의 유형, 한글.

황미향, 1996, '더/덜' 구문의 통사 구조 연구, 어문학.

홍윤표, 1976, 비교구문에서의 격어미와 후치사, 학술원논문집.

Greenberg, Joseph H, 1963, Some Unversals of Grammar with Particular Reference to the Order of Meaningful Elements. Cambrideg: MIT Press.

Haspelmath, M&Oda Buchholz, 1998, Equative and simulative constructions in the languages of Europe. In Adverbial Constructions in the Languages of Europe. By John van der Auwera. Mouton de Gruyter, Berlin-NewYork.

Matthew S. Dryer, 1992, The Greenbergian word order correlations, language, Vol68.

Stassen, L, 1985, Comparison and Universal Grammar, Basil Blackwell, Oxford.

William Crofe, 2000, Typology and Universals, Foreign Language Teaching and Research Press.

二 中文文献

崔健：《类型学视野下的汉韩差比句对比》，《汉韩语对比研究》，北京语言大学出版社2010年版。

戴耀晶：《戴耀晶语言学论文集》，复旦大学出版社2017年版。

金奉民：《汉韩动词配价对比》，延边大学出版社2014年版。

金立鑫：《什么是语言类型学》，上海外语教育出版社2011年版。

李福印：《认知语言学概论》，北京大学出版社2008年版。

李临定：《现代汉语句型》，商务印书馆1986年版。

李云兵：《中国南方民族语言差比句的语序类型特征》，东亚语言比较国际研讨会，2006年。

刘丹青：《差比句的调查框架及研究思路》，《现代语言学理论与少数民族语言研究》，戴庆厦、顾阳编，民族出版社2003年版。

刘丹青：《漫谈语法比较的研究框架》，《汉韩语言对比研究（2）》，崔健编，北京语言大学出版社2010年版。

刘丹青：《语法调查研究手册》，上海教育出版社2017年版。

刘焱：《现代汉语比较范畴的语义认知基础》，学林出版社2004年版。

刘月华等：《实用现代汉语语法》，外语教学与研究出版社1983年版。

吕叔湘：《中国文法要略》，商务印书馆2014年版。

Willian Croft：《Typology and Universals（语言类型学与普通语法特征）》（第二版），外语教学与研究出版社、剑桥大学出版社2008年版。

席建国：《英汉介词研究的类型学视野》，上海交通大学出版社2013年版。

许余龙：《对比语言学》，上海外语教育出版社2010年版。

严丽明：《汉语对比范畴研究》，世界图书出版公司2016年版。

张斌、陈昌来：《新编现代汉语》，复旦大学出版社2002年版。

张敏：《认知语言学与汉语名词短语》，中国社会科学出版社1998年版。

包法莉：《"比"字句删除法的商榷》，《语文研究》1993年第1期。

Bernard Comrie：《对比语言学和语言类型学》，沈家煊译，《国外语言学》1988年第3期。

程亚恒：《差比构式"（X）连YA都没有"探析》，《汉语学习》2005年第1期。

崔维真、齐沪扬：《差比句肯定否定形式不对称现象考察》，《汉语学习》2014年第6期。

邓凤民：《汉语差比标记和差比句语序类型》，《汉语学习》2012年第2期。

邓文彬：《"比"字句生成过程中的条件与制约》，《河南大学学报》（哲学社会科学版）1987年第5期。

丰竞：《现代汉语心理动词的语义分析》，《淮北煤炭师范学院学报》（哲学社会科学版）2003年第1期。

高程:《基于构式语法理论的"X 比 N 还 N"句式研究》,《语言学刊》2013 年第 3 期。

郭洁:《英语比较句的成分结构研究》,《外语教学与研究》2015 年第 3 期。

何元建:《现代汉语比较句式的句法结构》,《汉语学习》2010 年第 5 期。

黄祥年:《比较句中的"更"和"还"》,《语言教学与研究》1984 年第 1 期。

黄晓惠:《现代汉语差比格式的来源及演变》,《中国语文》1992 年第 2 期。

姜南:《汉语比较句的混同发展与分力定型》,《语言教学与研究》2016 年第 5 期。

金琮镐:《汉韩差比句里比较结果成分对比——以名词充当的比较结果为例》,《中国言语研究》第 37 辑。

金基石:《关于中韩语言对比的视角与方法》,《东北亚外语研究》2013 年第 1 期。

金立鑫:《解决汉语补语问题的一个可行性方案》,《中国语文》2009 年第 5 期。

金立鑫:《试论"了"的时体特征》,《语言教学与研究》1998 年第 1 期。

李金平:《一种新兴的"三项式差比句"》,《当代修辞学》2017 年第 2 期。

李劲荣:《"整体—部分"框架与比较项的替换》,《上海师范大学学报》(哲学社会科学版)2014 年第 7 期。

李靖之:《上古汉语比较句的三种类型》,《山西大学学报》(哲学社会科学版)1992 年第 1 期。

李蓝:《现代汉语方言差比句的语序类型》,《方言》2003 年第 3 期。

李讷、石毓智:《汉语比较句嬗变的动因》,《世界汉语教学》1998 年第 3 期。

李向农、周国光、孔令达:《儿童比较句和介词"比"习得状况的考察和分析》,《语言建设》1991 年第 5 期。

李宇明:《非谓形容词的词类地位》,《中国语文》1996 年第 1 期。

刘大为：《"凡喻必以非类"、"同类作比即比较"的质疑与比喻理论的建构》，《修辞学习》2004年第2期。

刘丹青：《汉语差比句和话题结构的同构性：显赫范畴的扩张力一例》，《语言研究》2012年第4期。

刘丹青：《汉语中的框式介词》，《当代语言学》2002年第4期。

刘慧英：《小议"比"字句内比较项的不对称结构》，《汉语学习》1992年第5期。

刘焱、邢贺：《"比"字句中比较点隐含的认知考察》，《上海大学学报》（社会科学版）2004年第3期。

刘颖：《现代汉语中几种表示相同比较的句式》，《安徽师范大学学报》（人文社会科学版）2000年第3期。

刘振平：《两种等比句式的用法差异及语义制约因素》，《语言教学与研究》2010年第1期。

柳英绿：《汉韩语比较句对比研究》，《汉语学习》2002年第6期。

陆丙甫：《语法分析的第二个初始起点及语言象似性》，《语言教学与研究》2015年第4期。

吕珊珊：《蔡家话七种优比句的类型学考察》，《方言》2017年第3期。

吕珊珊、木艳娟：《纳西语的差比句及Ciσ^{21}字差比句的类型学归属》，《中国语文》2018年第5期。

罗琼鹏：《汉语"比"字比较句的句法和语义问题》，《现代外语》2017年第3期。

罗天华：《语言类型学和我国语言学研究》，《北京教育学院学报》2006年第4期。

马伟忠：《试析"比N还N"及相关句式的句法、语义特点》，《语言教学与研究》2014年第2期。

马真：《"比"字句内比较项Y的替换规律试探》，《中国语文》1986年第2期。

马真：《程度副词在表示程度比较的句式中的分布情况考察》，《世界汉语教学》1988年第2期。

平山邦彦：《论"他的年纪比我大"类"比"字句》，《汉语学习》2014

年第 3 期。

任海波：《现代汉语"比"字句结论项的类型》，《语言教学与研究》1987 年第 4 期。

邵敬敏：《"比"字句替换规律刍议》，《中国语文》1990 年第 6 期。

邵敬敏：《论从意义到形式的语法研究新思路》，《南京师大学报》（社会科学版）2005 年第 1 期。

邵敬敏：《语义对"比"字句中助动词位置的制约》，《汉语学习》1992 年第 3 期。

沈家煊：《跟副词"还"有关的两个句式》，《中国语文》2001 年第 6 期。

石毓智：《形容词的数量特征及其对句法行为的影响》，《世界汉语教学》2003 年第 2 期。

史佩信等：《比字句溯源》，《中国语文》1993 年第 6 期。

史佩信等：《试论比字句的形成及其与先秦两汉有关句式的渊源关系——兼论"词汇兴替"》，《中国语文》2006 年第 2 期。

史荣光：《"X 比 Y 还 W"的结构与语义分析：兼与殷志平同志商榷》，《汉字文化》1997 年第 1 期。

史欣艳：《汉韩语差比范畴的语义基础和句法表达形式对比研究》，《韩中人文学研究》2018 年第 60 辑。

史欣艳：《现代汉语差比范畴研究述评》，《牡丹江大学学报》2019 年第 5 期。

唐依力：《析"比 N 还 N"句式》，《修辞学习》2001 年第 1 期。

王灿龙：《说"这么"和"那么"》，《汉语学习》2004 年第 1 期。

王黎：《"不比"句多义性动因考察》，《北京大学学报》（哲学社会科学版）2009 年第 3 期。

王双成：《西宁方言的差比句》，《中国语文》2009 年第 3 期。

文全民：《"更"和"还"在肯定和否定比较句中的差异》，《世界汉语教学》2008 年第 1 期。

吴福祥：《试说"X 不比 Y.Z"的语用功能》，《中国语文》2004 年第 3 期。

吴为善：《递进性差比义构式及其差异——"一 M 比一 M + VP"的构式

成因探讨》,《语言教学与研究》2011年第2期。

武果:《副词"还"的主观性用法》,《世界汉语教学》2009年第3期。

夏铭:《比较与比喻》,《常德师范学院学报》(社会科学版)2000年第1期。

相原茂:《汉语比较句的两种否定形式:"不比"型和"没有"型》,《语言教学与研究》1992年第3期。

徐茗:《"X比N还N"句式中"N"的研究》,《淮北煤炭师范学院学报》2006年第1期。

徐燕青:《"不比"型比较句的语义类型》,《语言教学与研究》1996年第2期。

许国萍:《"比"字句研究综述》,《汉语学习》1996年第6期。

杨慧芬:《表比较的"没有"句句型探析》,《语言教学与研究》1998年第1期。

杨玉玲:《"比N还N"构式探析》,《浙江学刊》2011年第4期。

殷志平:《"X比Y还W"的两种功能》,《中国语文》1995年第2期。

殷志平:《"比"字句浅论》,《汉语学习》1987年第4期。

尤庆学:《"比N还N"的结构特点和修辞功能》,《湖北师范学院学报》(哲学社会科学版)2001年第1期。

于立昌、夏群:《比较句和比拟句试析》,《语言教学与研究》2008年第1期。

袁毓林:《论否定句的焦点、预设和辖域歧义》,《中国语文》2000年第2期。

袁毓林:《一价名词的认知研究》,《中国语文》1994年第4期。

詹卫东:《确立语义范畴的原则及语义范畴的相对性》,《世界汉语教学》2001年第2期。

张国光:《比较句中比较词的更替和比字句》,《贵州师范大学学报》(社会科学版)1998年第2期。

张国宪:《现代汉语形容词的典型特征》,《中国语文》2000年第5期。

张和友:《差比句否定形式的语义特征及其语用解释》,《汉语学习》2002年第5期。

张谊生：《"更"字比较句中多项比较的程序与格式》，《世界汉语教学》2009年第4期。

张豫峰：《表比较的"有"字句》，《汉语学习》1999年第4期。

赵金铭：《从类型学视野看汉语差比句偏误》，《世界汉语教学》2006年第4期。

赵金铭：《论汉语的比较范畴》，《中国语言学报》2001年第1期。

郑慧：《韩国语否定副词"안［an］"和"못［mot］"的句法分析——兼谈语汉语"不、没"的对比》，《东北亚外语研究》2015年第3期。

郑慧：《韩国语否定副词"안""못"的语义特征及在汉语中的对应形式》，《解放军外国语学院学报》2005年第5期。

周小兵：《论现代汉语的程度副词》，《中国语文》1995年第2期。

周有斌、邵敬敏：《汉语心理动词及其句型》，《语文研究》1993年第3期。

朱德熙：《说"跟……一样"》，《汉语学习》1981年第1期。

宗守云：《"X比Y还W"的构式意义及其与"X比Y更W"的差异》，《华文教学与研究》2011年第4期。

宗守云：《说反预期结构式"X比Y还W"》，《语言研究》2011年第3期。

耿直：《基于语料库的比较句式"跟、有、比"的描写与分析》，博士学位论文，北京大学，2012年。

关馨：《韩国语보다比较句和汉语"比"句的对比研究》，硕士学位论文，延边大学，2014年。

过玉兰：《现代汉语差比句的结构类型研究及其类型学意义》，硕士学位论文，上海外国语大学，2008年。

金庆民：《汉韩比较句的特征分析与重组》，博士学位论文，上海师范大学，2017年。

金燕：《朝汉比较范畴表达对比》，硕士学位论文，延边大学，2007年。

李娜：《汉朝比较范畴表达形式对比》，硕士学位论文，延边大学，2004年。

彭锡华：《汉日差比句对比研究》，硕士学位论文，上海师范大学，

2017年。

史银妤:《现代汉语"差比句"研究》,博士学位论文,中国社会科学院研究生院,2003年。

孙占锋:《现代汉语平比范畴研究》,硕士学位论文,华东师范大学,2009年。

王爽:《现代汉语"比"字句研究综述》,硕士学位论文,东北师范大学,2012年。

王中祥:《类型学视野下汉英状语性从属连词研究》,博士学位论文,上海外国语大学,2018年。

文雅丽:《现代汉语心理动词研究》,博士学位论文,北京语言大学,2007年。

许国萍:《现代汉语差比范畴研究》,博士学位论文,复旦大学,2005年。

张莹莹:《汉英比较范畴的认知对比研究》,硕士学位论文,福建师范大学,2007年。

郑慧仁:《东北亚语言比较标记的类型学研究》,博士学位论文,北京大学,2012年。

周小兵:《"比"字句否定式》,现代汉语语法讨论会论文,1992年。

附 录

조한 의문사 "어디"와 "哪里"의 비의문 기능 대조 연구*

【론문요지】 조선어 "어디" 와 한어 "哪里" 는 의문사로서 주로 사람이나 사물의 위치를 물어볼 때 사용한다. 한편 의문사 "어디" 와 "哪里" 는 기본적 의문 기능 뿐만 아니라 비의문 기능도 갖고 있는데 의사소통을 하는 과정에서 널리 사용되어 있고 사용 양상도 복잡하다. 본 론문에는 비의문 기능은 지시하는 대상의 유무에 따라 지시 기능과 비지시 기능으로 나뉜다. 지시 기능은 미정지시 (虚指), 임의지시 (任指), 연결지시 (承指), 나열지시 (类指) 네 가지로 나뉘며 비지시 기능은 주로 담화표지로 나타나고 화자의 태도나 감정을 표시하는 데에 쓰이며 감탄 (感叹), 부정 (否定) 으로 나뉠 수 있다. 본 론문은 조한 의문사 "어디" 와 "哪里" 의 비의문 기능을 대조 분석하면서 그들의 공통점과 차이점을 찾아내고 대응 관계 및 규칙을 밝히고자 한다. 이를 통해 조한 제2 언어 교육에 도움이 될 수 있으면 한다.

【핵심어】 어디, 哪里, 비의문 기능, 대응관계, 대조연구

---

* 本文曾发表于《中国朝鲜语文》2019 年 1 月第 1 期。

1. 들어가며

　의문사①는 범언어적인 요소이다. 의문사는 언어 체계에서 기본적이고 중요한 위치를 차지하고 있어 일상생활에도 널리 사용되고 있다. 의문사는 주로 의사소통을 하는 과정에서 화자가 자신이 잘 모르는 정보를 획득하기 위해서 사용한다. 한편 의문사는 기본적 의문 기능 뿐만 아니라 비의문 기능도 갖고 있는데 이는 의문사가 문법화 과정을 거쳐 어휘 의미가 점점 약화되어 생긴 것이다. 의문사의 비의문 기능은 실제 언어 사용 환경에서 중요한 기능을 담당하고 있다. 특히 의문사의 비의문 기능이 상당히 분화되어 있고 사용 양상도 복잡하기 때문에 의문사 사용은 제2 언어 학습자들이 외국어를 습득하는 과정에서 특히 어려워하는 부분이다.

　조선어 "어디" 와 한어 "哪里" 는 모두 장소를 물어보는 의문사로서 사용 빈도가 높다. 무엇보다도 선행연구를 검토해 본 결과에 따르면 실제 언어 사용에서 의문사, 특히 의문사 "어디" 와 "哪里" 의 비의문 기능이 널리 사용되고 있음에도 불구하고 그들의 비의문 기능을 자세히 분류해서 설명하고 제2 언어 학습자들에게 이해를 증진시킬 수 있는 연구가 충분히 이루어지지 않고 있는 실정이다.

　조선어 "어디" 와 한어 "哪里" 의 대조에 관한 선행연구는 주로 두 가지로 나누어 볼 수 있다. 하나는 의문사의 비의문 기능의 시각에서 진행하는 연구이고 하나는 담화표지의 시각에서 진행하는 연구이다. 金香蘭 (2012) 와 진설매 (2014) 의 연구는 모두 삼개평면 (三个平面) 리론을 이용하여 "어디" 와 "哪里" 의 의미적 기능, 통사적 기능, 화용적 기능을 살펴보고 그들의 공통점과 차이점을 밝혀냈다. 金香蘭 (2012) 는 "어디" 와 "哪里" 의 의미적 기능을 검토할 때 주로 그들의 "미정지시" 기능, "임의지시" 기능, "부정" 기능만을 살펴보았으며 의문사의 지시 기능과

---

　① 한어에서 대사라는 품사 분류가 있고 "谁、什么、哪里" 등 대사의 하위분류인 의문대사라고 지칭한다. 조선어에서 "누구、무엇、어디" 등은 대명사에 속한다. 본 론문에는 이런 품사 문제를 검토하지 않고 문장 서술하는 데 편리하기 위해서 조선어의 의문대명사와 한어의 의문대사를 모두 "의문사" 라고 통칭한다.

비지시 기능을 세분화하지 않았다. 진설매 (2014) 는 "어디" 와 "哪里" 의 비의문 비지시 기능을 반문, 감탄, 부정으로 분류해서 검토하였는데 화용적 기능을 살펴볼 때도 반어적 해석 기능, 부정적 표시 기능을 중복적으로 검토하였다. 진설매 (2014) 는 "어디" 와 "哪里" 의 의미적 기능과 화용적 기능의 경계를 명확하게 설명하지 못했고 통일한 분류 기준이 없어서 오히려 "어디" 와 "哪里" 의 기능을 더 복잡하게 설명하고 있다. 유나 (2015), 주홍만 (2017) 은 "어디" 를 하나의 담화표지로 보고 연구를 진행하였다. 유나 (2015) 는 한국어 교육을 위한 입장에서 "어디" 의 화용 기능을 검토하고 체계화시켜 중국어 해당 표현과의 대조 분석을 시도하였다. "어디" 의 화용 기능을 크게 "적극적 태도" 와 "부정적 태도" 로 분류해서 재검토하였다. 주홍만 (2017) 은 담화표지 "어디" 의 화용 기능을 크게 "적극적 태도" 와 "부정적 태도" 로 나누었고 "哪里" 의 화용적 기능을 "부정 표지 기능", "반어적 기능", "화자의 겸손함을 나타내는 기능" 세 가지로 분류하였다. 본 론문은 선행연구에서 충분히 다루어지지 않은 "어디" 와 "哪里" 의 비의문 지시기능과 비의문 비지시 기능 부분에 주목하여 선행연구의 아쉬운 점을 보완하고자 한다.

　　본 론문은 대조언어학적인 시각에서 조선어 "어디" 와 한어 "哪里" 의 비의문 기능을 체계화시켜 분석하고자 한다. 선정한 연구 대상은 조선어 "어디" 와 한어 "哪里"① 이다. "어디" 와 "哪里" 는 서로 의미 대응 관계가 있는 단어로서 장소를 물어볼 때 가장 많이 사용되는 의문사이고 사용 빈도가 높다. "어디" 와 "哪里" 는 비의문 기능으로 사용될 때 서로 대응하는 경우도 있고 대응하지 않는 경우도 있다. 때문에 조선어 "어디" 와 한어 "哪里" 는 중국인 조선어 학습자든 한국인 한어 학습자든 정확히 활용하기가 어려운 학습 내용이다. 외국어 학습자들이 의문사의 비의

---

　　① 呂叔湘 (1980) 는 "哪儿" 가 부정 의미를 표현할 수 없는 것 외에 다른 용법은 "哪里" 와 일치한다고 밝혀냈다. 또한 현대 한어에서는 "哪里" 는 주로 문어체에서 많이 쓰이고 "哪儿" 는 주로 구어체에서 더 많이 쓰인다. 본 연구는 논술의 편리 상 "哪里" 를 연구 대상으로 삼기로 하고 례문 제시할 때는 "哪里" 를 비롯하여 필요시 "哪儿" 의 례문도 제출할 것이다. 본 연구는 문어체와 구어체를 구별하지 않아 가 "哪里" 와 "哪儿" 혼용하는 경우가 있다. 그러나 "哪里" 를 쓰든 "哪儿" 를 쓰든 의미 차이가 없다.

문 기능을 제대로 이해하지 못해 정확히 사용하지 못하면 더 높은 학습 단계에 도달하기가 쉽지 않을 것이다.

따라서 본 론문은 "어디" 와 "哪里" 의 비의문 기능을 대조 분석하면서 공통점과 차이점을 찾아내고 대응 관계 및 규칙을 밝히는데 목적을 둔다. 이를 통해 "어디" 와 "哪里" 의 기능을 자세히 파악할 수 있을 뿐만 아니라 중국인 조선어 학습자와 한국인 한어 학습자에게도 도움이 될 수 있다고 생각한다. 그리고 대응 규칙을 찾아냄으로써 조한 번역에도 유용하게 활용될 수 있다.

조선어 자료는 주로 〈Daum 국어사전〉① 과 민족문화연구원 현대국어 검색기②에서 추출하였고 한어 자료는 한어의 대표적인 말뭉치인 북경대학교 중국언어학연구센터 코퍼스 (CCL)③ 와 온라인코퍼스 (语料库在线)④ 를 이용하였다. 그리고 선행연구에서 추출한 일부 례문들도 있다.

2. "어디" 와 "哪里" 의 비의문 기능 검토

앞서 언급했듯이 한어 학자들의 의문사 기능 분류에 따르면 "哪里" 의 의미 기능은 크게 의문 기능과 비의문 기능으로 나눌 수 있다. 이런 분류 방법은 조선어 의문사에도 적합하고 "어디" 도 한어와 마찬가지로 의문 기능과 비의문 기능을 가진다. 의문사로서의 의문 기능이 약화되어 기타 의미 기능으로 사용되는 경우, 이를 의문사의 비의문 기능이라고 칭한다. 의문사의 비의문 기능에 관한 연구는 한어 학계에서나 조선어 학계에서나 오랫동안 활발히 진행되어 왔다. 조선어 "어디" 와 한어 "哪里" 는 의문사로서 의문기능을 수행할 때 서로 대응 관계가 이루어 학습자들이 큰 어려움을 격지 않는다. 이 절에서는 주로 "어디" 와 "哪里" 의 비의문 기능을 논

---

① http：//dic. daum. net/index. do 〈Duam 국어사전〉 을 선택한 이유는 조한 대역 언어 자료가 있어 "어디" 와 "哪里" 의 대응관계를 찾는데 도움이 될 수 있다.
② http：//riksdb. korea. ac. kr 민족문화연구원 현대국어 검색기에서 추출하는 "어디" 와 관련된 언어자료는 다양한 텍스트들이 포함되어 있어 "어디" 의 기능을 분석하는데 충분한 언어사실을 제공할 수 있다.
③ http：//ccl. pku. edu. cn：8080/ccl_ corpus/index. jsp？ dir = xiandai
④ http：//www. aihanyu. org/cncorpus/index. aspx

의할 것이고 侯文玉 (2012) 이 제시한 의문사의 비의문 기능 분류 방법을 참조하기로 한다. 비의문 기능은 지시하는 대상의 유무에 따라 지시 기능과 비지시 기능으로 나뉜다. 지시 기능이란 지시, 대체하는 언급 대상이 존재하는 것을 말하며 비지시 기능은 지시, 대체하는 객관적인 대상이 없는 것을 말한다. 지시 기능은 미정지시 (虛指), 임의지시 (任指), 연결지시 (承指), 나열지시 (类指) 네 가지로 나뉘며 비지시 기능은 주로 담화표지로 나타나고 화자의 태도나 감정을 표시하는 데에 쓰이며 감탄 (感叹), 부정 (否定) 으로 나뉠 수 있다.

2.1 "어디" 와 "哪里" 의 비의문 지시기능

2.1.1 "어디" 와 "哪里" 의 미정지시 기능

의문사가 미정지시 기능이 있다는 것은 거의 모든 학자들이 인정하는 관점이다. 丁树声 (1961), 朱德熙 (1982), 刘月华 (2002), 邢福义 (2002) 등 여러 학자들이 의문사의 미정지시 기능에 대해 논의해 본 적이 있다. 丁树声 (1961) 는 "미정지시란 모르거나 생각나지 않거나 말할 수 없거나 또는 명확하게 말할 필요가 없을 때 표시하는 기능이다. 그리고 딱히 말할 수 없는 사물에 대하여 표시하며 여러 가지 사물을 헤아릴 때 완전히 열거가 끝나지 않았음을 표시한다는 것이다."① 丁树声 (1961) 가 미정지시에 대해 내린 정의는 다른 학자들에 비해 자세하게 논의하였지만 미정지시 기능의 범위를 넓혔다는 것을 지적할 필요가 있다. 본 논문에서 "여러 가지 사물을 헤아릴 때 완전히 열거가 끝나지 않았음을 표시한다" 는 기능은 따로 구분하여 나열지시라고 칭하기로 한다. 邵敬敏 (1996) 는 나열지시에 대해 "이미 열거한 것 외에 또 다른 열거하지 못한 것이 있고 열거가 끝나지 않았음을 표시한다" 고 설명하였다. "어디" 와 "哪里" 의 나열지시 기능에 대하여 뒷부분에서 따로 대조 논의할 것이다.

"어디" 와 "哪里" 는 모두 미정지시 기능을 가지고 있으며 불확실한 장소를 가리킬 수 있다. "어디" 와 "哪里" 의 대응관계를 찾기 위해서 먼

---

① 丁声树 (1961) 指出 "所谓虚指或是不知道, 或是想不起, 说不上, 或是不必明说, 还可以表示不知道或是说不出来的事物, 还可以表示数说许多事物, 有列举未尽的意思"。

저 "어디"의 미정지시 기능을 살펴보기로 한다. "어디"는 문장에서 항상 조사나 어미와 결합하여 미정지시 기능을 수행한다. "어디"는 문장에서 미정지시 기능을 수행할 때 일반적으로 다음과 같이 네 가지 구문 형식으로 나타난다. 례문을 통해 "어디"의 미정지시 기능을 살펴보도록 한다.

1. 어디+ㄴ가

(1) 세상이 어딘가 잘못되고 있다.

（这个世界不知道哪里出了问题。）

(2) 어디선가 늑대 울음 소리가 들렸다.

（不知从哪里传来狼的哭叫声。）

(3) 그는 앵돌아져서 말도 하지 않고 어디론가 가버렸다.

（他翻了脸，连话也不说，不知跑哪里去了。）

2. 어디+ㄴ지

(4) 어딘지 모르게 쓸쓸한 느낌이 든다.

（不知怎么/＊哪里感到莫名的惆怅。）

(5) 그 사이에 어디선지 신나는 음악 소리가 흘러 왔다.

（这期间不知道从哪里传来了欢快的音乐声。）

(6) 나를 떼어놓고 어디론지 가 버렸다.

（把我撇开不知道去哪里了。）

(7) 형사는 더 묻지 않고 어디론지 사라졌다.

（刑警没有多问，不知消失到哪儿了。）

(8) 그녀는 어딘지 모르게 쓸쓸해 보인다.

（她看上去有一种无法言状的凄凉。）

(9) 깨끗한 양복을 차려 입었는데도 어딘지 모르게 궁색하고 초조해 있는 낯빛이다.

（虽然穿着整洁的西服，但不知道怎的/＊哪里，神情苍白无力。）

3. 어디...면

(10) 어디 아프면 병원이라도 가보세요.

（你要是哪儿不舒服/你要是有不舒服的地方，就去医院看看吧。）

(11) 어디 불편한 점이 있으면 언제든지 얘기하십시오.
(你要是哪不太方便/有什么不方便的地方，随时告诉我。)
4. 어디
(12) 잠깐 어디 좀 들렀다 갈게.
(我先去个地方/＊哪里后再过来。)
(13) 그녀는 어디 가야 할 곳이 있다면서 황급히 자리를 떠났다.
(她说要去个地方/＊哪里，就慌忙离开了。)

우리는 우 례문을 통해 "어디"의 미정지시 기능을 살펴보았다. 례문들은 모두 화자가 구체적으로 어딘지 말하기가 어렵거나 밝힐 필요가 없다고 생각할 때 "어디"를 쓰는 경우이다. 여기서 쓰인 "어디"는 불확실한 어느 곳을 가리키며 미정지시 기능을 나타낸다. "어디"는 미정지시 기능으로 쓰일 때 문장에서 주로 "어딘가", "어디선가", "어디론가", "어디선지", "어디론지", "어딘지 모르게", "어디… 면", "어디" 등 형식으로 나타난다. 그리고 "어디"의 미정지시 기능은 보통 장소를 가리킬 때 불확실하기 때문에 "-것 같다", "-듯하다" 등 추측의 의미를 담는 관용형과 같이 문말에 쓰이는 경우도 있다.

례문에서 보듯이 "어디"와 "哪里"는 서로 대응하는 경우가 있는가 하면 례문 (4) (8) (9) (11) (12) (13)처럼 대응하지 않은 경우도 있다. "어디"는 만약에 문장에서 여전히 어느 불특정한 구체적인 장소나 위치를 가리키면 "어디"와 "哪里"는 서로 대응 관계를 유지할 수 있다. 이럴 때 한어에서 항상 "不知哪儿", "不知道哪里" 등 형식으로 대응된다. "어디"를 가리키는 것이 추상적인 장소 혹은 어떤 감정이나 이유이면 "哪里"와 대응하지 못해서 의역하거나 "不知怎的", "不知道怎么的", "不知道为什么"로 번역하게 된다. 례문 (4) (8) (9)은 바로 이런 추상적인 장소나 이유를 가리킬 때 쓰는 상황이라 "어디"와 "哪里"는 서로 대응하지 못한다. 례문 (10) (11)에서 "어디"는 "-면"과 결합하여 같이 쓰임으로 가정의 의미를 나타낼 때 "哪里/哪儿"로 번역할 수도 있고 "…的地方"으로 번역할 수도 있다. 례문 (12) (13)은 명확히 말할 필요가 없거나 다른 사람에게 알려주고 싶지 않는 곳을 가리킬 때 "어디"로 대치하여 표시한다. 이럴 때 "哪里"과 대응하지 못하고 "地方"로 번역하면 문장이 더 자연스러운 느낌이 든다.

다음은 한어 "哪里"의 미정지시 기능에 대하여 살펴보도록 한다.

1. 好像/仿佛 + 哪里

(14) 好面善, <u>好像在哪里</u>见过似的。

   (아주 낯이 익은데 아무래도 어디에서 본 적이 있는 것 같다.)

(15) 这话<u>好像在哪里</u>听过。

   (어디서 많이 듣던 말이다.)

2. 不知 + 哪里

(16) 浑身<u>不知在哪里</u>滚得灰扑扑的。

   (온몸이 어디에서 굴렀는지 먼지투성이다.)

(17) <u>不知从哪里</u>飘来一阵焦糊味。

   (어딘지 모르지만 타는 냄새가 난다.)

3. 要是/如果 + 哪里

(18) <u>要是他在哪里</u>受了伤, 随时随地会出事的。

   (그가 어딘가에 상처를 입었다면 언제 어디서나 사고가 날 것이다.)

4. 哪里

(19) 走累了, 我们<u>在哪儿</u>休息一下吧。

   (많이 걸어서 피곤하니 어디서 좀 쉬자.)

우의 례문 (14) — (19)의 "哪里"는 문장에서 기억이 나지 않는 곳이나 말할 수 없는 곳이나 말할 필요가 없는 곳을 가리킬 때 쓰인다. 이는 "哪里"의 미정지시 기능이다. 여기서도 네 가지 형식으로 정리할 수 있는데 "好像/仿佛 + 哪里", "不知 + 哪里", "要是/如果 + 哪里", "哪里"는 모두 미정지시 기능을 수행한다. 문장에서 항상 "好像/仿佛" 등 정확성이 떨어지는 부사와 결합하여 쓰인다. 그리고 "要是/如果" 등 가정의 뜻을 표현하는 접속사와 같이 결합하는 경우도 있다. 이럴 때 "哪里"는 "어디"와 서로 대응할 수 있다.

2.1.2 "어디"와 "**哪里**"의 임의지시 기능

丁声树 (1961)는 의문사가 임의지시 기능으로 사용될 때 말하는 범위 안에서 예외가 없다는 것을 나타낸다고 하였다. 朱德熙 (1982)는 임

의지시 기능은 의문사의 비의문 기능 중의 하나이고 보편성을 나타내는 것이라고 하였다. 즉 말하는 범위에서는 모든 것을 포함하여 예외가 없다는 뜻이다. 임의지시 기능에 대한 학자들의 해석을 종합해 보면 임의지시 기능은 말하는 범위 안에서는 예외가 없고 모든 것이 포함되어 있다는 기능을 가리킨다. 다음 례문을 통해 "어디"와 "哪里"의 임의지시 기능 및 통사적인 장치를 살펴볼 것이다.

1. 어디 (에) 도
(20) 담배는 어디에도 찾을 수 없다.
　　　(不管哪儿都没有找到烟。)
(21) 이 가격에 이 퀄리티는 어디에도 없다.
　　　(这个价钱这种质量在哪里都找不到。)

2. 어디 (에) 나
(22) 늦가을 날씨지만 교정은 아직도 어디나 짙은 녹음이다.
　　　(清秋天气, 校园哪儿都是一片浓绿。)
(23) 학계라든지 경제계라든지 어디에나 교조주의는 있다.
　　　(学术界也好, 经济界也好, 哪儿都有教条主义。)

3. 어디 (를/에/로) + 가도 (나/든)
(24) 그는 어디로 가나 반향을 불러일으킨다.
　　　(他到哪儿都会引起反响。)
(25) 이러한 작업 태도는 어디를 가도 환영을 받지 못한다.
　　　(这种工作作风到哪儿都吃不开。)
(26) 최근 우리는 어디를 가든 누구를 만나든 흔히 비슷한 얘기들로 대화를 시작한다.
　　　(最近我们不管到哪儿见到谁都会以相似的话题展开对话。)

4. 어디 (에서) 고
(27) 개나리 진달래는 어디고 흐드러지게 피어 있었다.
　　　(迎春花、金达莱花不管在哪儿都开得令人喜爱。)
(28) 밤에 어디에서고 객지 냄새를 풍긴다.
　　　(到了晚上无论哪里都散发着客乡的味道。)

우의 례문에 나타나는 "어디"는 화자가 지칭하는 범위 안에서 예외 없이 "아무 곳", "모든 곳"의 의미를 나타내는 임의지시 기능을 가지고 있다. 례문을 분석하면 임의지시 기능을 가지고 있는 "어디"는 항상 격조사나 보조사와 결합하여 통사적인 장치를 형성한다. 례문 (20) (21) 에서 보는 바와 같이 "어디에도" 혹은 "어디에서도"는 반드시 부정문에 나타나야 하고 이때 보조사 "도"는 "어디"에 붙어서 보편 의미를 나타내고 가리키는 모든 장소에 지칭하는 것이 없다는 뜻을 표시한다. 례문 (22) (23) "어디"에 "(에) 나"가 붙고 긍정문에 나타난다. 례문 (24) (25) (26) 에 나타나는 "어디 (를/에/로) +가도 (나/든)" 형식은 긍정문에나 부정문에나 다 쓰일 수 있고 임의지시 기능을 표시할 수 있다. 례문 (27) (28) 의 "어디에서고" 혹은 "어디고"도 임의지시 기능을 나타내며 말하는 범위 안에 모든 장소를 포함하고 있다는 뜻이다. 중국어 "哪里"도 임의지시 기능을 가지고 있고 전체적으로 보면 임의지시 기능을 가지고 있어 "어디"와 대응될 수 있다. "哪里"는 문장에서 임의지시 기능으로 표시할 때 항상 "哪里都", "无论/不管……哪里 (都)" 등 형식으로 나타난다. "都"는 "모두"의 뜻을 수행할 수 있어 예외가 없다는 의미를 더 강조하는 기능을 한다. 다음 례문을 통해 한어 "哪里"가 문장에서 임의지시 기능을 수행하는지 확인하고자 한다.

(29) ㄱ. <u>不管</u>你去<u>哪里</u>, 我<u>都</u>要跟着你。
(어디를 가든 내가 따라가야 하겠다.)

ㄴ. 他这个人, 走到<u>哪里都</u>会成为一个有争议的人物。
(그 사람은 어디를 가나 분쟁이 있는 사람이 된다.)

ㄷ. 爱因斯坦<u>无论</u>走到<u>哪里</u>, <u>都</u>带上自己的小提琴。
(아인슈타인은 어디를 가든 자신의 바이올린을 꼭 가지고 다닌다.)

ㄹ. 只要有能耐, 到<u>哪里都</u>有出路。
(재능만 있으면 어디를 가든 갈 길이 있다.)

례문 (29) 은 "哪里"가 모두 임의지시 기능을 수행할 수 있다는 것을 보여준다. "哪里"는 임의지시 기능을 표현할 때 "哪里都", "无论/不管……哪里 (都)" 등 형식으로 나타나 통사적인 장치를 형성한다. 례문 (29 ㄱㄴㄷㄹ) 의 "哪里"는 "哪里都", "无论/不管……哪里 (都)"

등 형식으로 나타나 "어디"를 서로 대응관계를 이룰 수 있다.

2.1.3 "어디"와 "哪里"의 연결지시 기능

연결지시 (承指) 라는 용언은 邵敬敏 (1996) 에 의해 처음으로 사용된 것이다. 吕叔湘 (1980) 는 연결지시 기능에 대하여 앞뒤에 두 "哪里"를 서로 호응하여 조건 관계를 이룬다고 지적하였다. 邵敬敏 (1996) 는 "什么"의 비의문 기능을 연구할 때 연결지시 기능을 제시하였는데 같은 형태인 두 의문사가 앞뒤에서 호응하여 쓰인다. 앞에 있는 의문사가 임의지시 기능을 나타내고 뒤에 있는 의문사는 앞의 의문사를 이어서 지시하여 같은 사람이나 사물을 가리킨다. 한어 의문사 "哪里"는 연결지시 기능을 가지고 있으며 앞뒤에 같은 장소를 가리키는데 조선어 "어디"는 이런 기능으로 사용된 례문을 찾아보기 어렵다. 다음으로 한어 례문을 살펴보도록 한다.

(30) ㄱ. 所以没有选择的权利，哪里人少就被分配到哪里。

ㄴ. 他到哪里，哪里就是一片笑声。

우의 한어 례문은 "哪里"의 연결지시 기능을 나타낸다. 첫 번째 "哪里"는 "아무데나" "어디든"의 뜻이 있어서 임의지시 기능을 가지고 있고 두 번째 "哪里"는 첫 번째를 호응하는 기능을 하여 같은 장소를 가리킨다. 례문 (30ㄴ) 을 설명하자면 "그가 어디를 가든 그곳은 온통 웃음소리다." 라는 뜻이다. 첫 번째 "哪里" 앞에 "不管/无论"와 결합할 수 있다는 사실을 통해 "哪里"가 임의지시 기능을 표시함을 알 수 있다. 그러나 조선어 "어디"는 한어 "哪里"처럼 한 문장에서 두 번 나타나는 연결지시 기능을 갖지 않는다. 다음 한조 대역 례문을 통해 "哪里"의 연결지시 표현이 조선어에서는 어떻게 대응되는지를 검토하도록 한다.

(31) 哪里需要，我就上哪里去。

(필요한 곳이면 내가 어디든지 간다.)

(32) 哪里有警察，哪里准有交通堵塞。

(경찰이 있는 곳이면 어디든지 도로가 막히는 법이다.)

한어 "哪里"는 연결지시 기능으로 쓰일 때 조선어에서는 임의지시 기능을 표시하는 "어디"를 써서 이런 조건 관계를 표현한다.

2.1.4 "어디"와 "哪里"의 나열지시 기능 대조

나열지시 기능은 丁声树(1961) 등 학자들은 미정지시 기능에 속한다고 보고 邵敬敏(1996)는 나열지시에 대해 "이미 열거한 것 외에 또 다른 열거하지 못한 것이 있고 열거가 끝나지 않았음을 표시한다"고 설명했다. 조선어 "어디"와 한어 "哪里"는 모두 나열지시 기능을 가지고 있어서 따로 논의할 필요가 있다. 예를 들면 다음과 같다.

(33) ㄱ. 그 당시 제가 어디어디 좀 다니느라고 며칠 동안 집에 들어가지 않았어요.

ㄴ. 이번 해외여행에서 어디어디를 구경했는지 말해줘.

ㄷ. 심지어 학교에서 담배를 피우거나 어디어디 술집을 다닌다는 소문이 돌기까지 한다.

(34) ㄱ. 看看自己到过了这块地方的哪里哪里, 也是一种消遣。

ㄴ. 慕名者问及曾勇在哪里, 高兴的时候冷冰冰地告诉你在哪里哪里, 不高兴的时候干脆说: "没有这个人"。

ㄷ. 她每天都说她散步到哪里哪里, 在哪一个街区, 但她从来没有提到过她可能看到的任何一个事件。

우의 례문 (33) (34) 중의 "어디"와 "哪里"는 모두 임의지시 기능이 있으면서도 중첩형식으로 나타나 열거하는 기능을 하고 있다. 그리고 중첩형식으로 나타나 복수의 뜻을 부여할 수 있다. 즉 하나의 장소를 가리키는 것이 아니라 여러 가지 장소를 가리키는데 일일이 지적할 필요가 없어서 "어디"와 "哪里"는 중첩형식 "어디어디"와 "哪里哪里①"로 열거하는 기능을 수행하였다. 한어 "哪里"와 조선어 "어디"는 모두 나열지시 기능을 갖고 있는 것을 이상의 례문을 통해 확인할 수 있다. 실제 번역하는 과정에서 둘이 서로 대응하는 경우도 있고 대응하지 않는 경우도 있어 대응 양상이 복잡한다.

---

① 여기서 논의하는 "哪里哪里"는 나열지시 기능을 표시하는 것이다. 뒷부분에서 겸손 기능을 가진 "哪里哪里"를 검토할 것인데 둘은 형식은 같지만 기능이 완전히 다르기 때문에 유의해야 한다.

2.2 "어디"와 "哪里"의 비의문 비지시 기능

언어 환경에 따라 "어디"와 "哪里"는 화자의 태도나 감정을 표현하는 비지시 기능을 수행하는 경우도 있다. 이런 경우에는 "어디"와 "哪里"는 별다른 문법적인 기능을 갖지 않으며 문장에서의 분포도 자유롭고 출현도 상당히 수의적이다. 그리고 문어보다는 구어에 주로 나타난다. 이런 기능은 바로 "어디"와 "哪里"의 화용적인 담화표지 기능이라고 한다. "어디"와 "哪里"의 화용적인 기능을 감탄 기능과 부정 기능으로 나눌 수 있다. 다음 례문을 통해 기본적인 의문 기능에서 벗어나 담화 환경에서 화자의 주관적인 태도나 감정을 나타내는 기능을 자세히 살펴보도록 한다.

2.2.1 "어디"와 "哪里"의 감탄 기능

汤廷池(1981)는 일부 의문사는 감탄 기능을 갖고 있어 화자의 감정을 표현할 수 있다고 지적한 바 있다. 그러나 한어 "哪里"는 이러한 감탄 기능이 없다. "어디"는 감탄사로도 쓰일 수 있는데 화자의 말투나 어조를 나타낸다. "어디"의 감탄 기능은 화자의 다양한 태도나 말투를 나타낼 수 있다. 여기서 주로 몇 가지 감탄 기능을 검토할 것이다. "어디"의 감탄 기능은 례문을 보면 다음과 같다.

1. 되물어 강조 기능

(35) 어디, 네가 이번 시험에서 일등을 한 학생이냐?

　　　(什么，你是这次考试考第一的那个学生啊？)

2. 벼름 기능

(36) 어디 두고 봅시다.

　　　(哼，走着瞧。)

3. 결과에 대한 화자의 궁금 표시

(37) 네가 만든 작품 어디 한번 읽어 보자.

　　　(那让我们来看看你写的作品吧。)

(38) 네가 화를 내는 이유나 어디 한번 들어 보자.

　　　(那让我们来听听你发火的理由吧。)

4. 불쾌한 태도 표시

(39) 어디 마음 내키는 대로 해 보시지.

(随你怎么想就怎么想吧。)

(40) 받기 싫어서가 아니라 어디 내놔야 받지요.

(不是不想要，你倒是拿出来啊。)

례문 (35) — (40) 은 모두 "어디" 의 감탄 용법이다. 례문 (35) — (40) 을 분석하면 "어디" 는 문장에서 문장 성분으로 쓰이지 않고 발화 환경에서 화자의 말투나 태도를 나타내는 화용적 기능만 수행한다. 그리고 "어디" 는 문장에서의 위치가 자유롭고 생략해도 문장의 의미가 달라지지 않는다. 례문 (35) 의 "어디" 는 화자가 뜻밖에 정보를 얻고 나서 다시 한번 물어 강조하는 기능을 수행한다. 례문 (36) 은 나중에 어떻게 될지 두고 보자고 벼르고 있음을 확인할 수 있다. 례문 (37) (38) 의 "어디" 는 행위의 결과에 대해 화자가 궁금함을 가지고 있음을 나타내는 기능을 갖는다. 이때 "어디" 가 항상 보조동사 "보다" 구문에 쓰인다. 례문 (39) (40) 의 "어디" 는 화자의 불쾌감을 표시하는 기능을 수행한다. 감탄 기능으로 쓰인 "어디" 는 마땅히 대응되는 한어가 없다. 한어 "哪里" 는 이런 감탄 기능이 없고 "啊/吧/吗" 등 문말에 있는 감탄사로 화자의 말투나 감정을 전달한다.

2.2.2 "어디" 와 "**哪里**" 의 부정 기능

呂叔湘 (1980) 는 의문사의 부정 기능에 대해 언급하기는 하였지만 이에 대해 자세히 분석하지 않았다. "어디" 와 "哪里" 는 담화맥락에서 부정 기능을 가지고 있고 주로 구어 담화에서 쓰인다. 이들은 화자가 상대방의 의견이나 주장에 동의하지 않아 이를 부정하고 반박하는 태도를 나타낸다. 본 론문에서 부정기능은 크게 두 가지 즉 반어적 기능과 겸손 기능으로 나누어 연구를 진행하고자 한다. 먼저 조선어 "어디" 의 반어적 기능을 살펴보도록 한다. 조선어 "어디" 가 문장에서 반어적 기능을 수행할 때 수사의문문에서 나타날 수도 있고 단독적으로 문장에서 나타날 수도 있다.

"어디" 와 "哪里" 의 반어적인 기능은 주로 수사의문문 (反问句)①의 문장 구조를 통해서 본래 긍정적인 의미가 부정의 형식으로, 본래 부정적인 의미가 긍정의 형식으로 표현한다. ②례문을 통해 조선어 "어디" 의 반어적인 기능을 같이 살펴보도록 한다.

(41) 이런 법이 어디에 있어?

(哪有这么个道理？)

(42) 이같이 바쁜 때에 어디 이러한 허례허식을 할 틈이 있겠느냐?

(这么忙的时候哪里有工夫弄这些繁文缛节。)

(43) 말이 쉽지, 정말 그렇게 하려면 어디 말처럼 쉬운가?

(话说的简单，真那么干哪儿有说的那么容易啊？)

(44) 이게 어디 모범생이 하는 행동이냐?

(这哪是模范生做出来的事情啊？)

우의 례문들의 "어디" 는 수사의문문 (反问句) 에 쓰이고 반어적인 기능을 수행하여 화자의 주관적인 태도나 감정을 나타내는 기능을 한다. 여기서 "어디" 는 표면적 진술과 상반되는 의미를 전달하는 수사의문문을 만드는 기능을 한다고 할 수 있다. 례문 (41) 은 "이런 법이 없다" 는 의미로 해석될 수 있고 례문 (42) 은 "할 틈이 없다" 는 의미로 해석될 수 있다. 례문 (43) 은 엄청 어렵다는 의미를 반어적으로 표현하고 있고 "쉬운가" 앞에 "어디" 를 덧붙여서 화자의 부정 의도를 더 강하게 나타낸다. 례문 (44) 은 "이게 모범생이 하는 행동이 아니다" 의 의미로 해석될 수 있다. "어디" 는 문장에서 문장 성분으로 쓰이지 않고 생략해도 문장은 비문이 되지 않을 것이다. 그러나 문장에서 "어디" 를 쓰면 화용적인 기능 즉 반어적인 기능을 더해 주는 역할을 한다. 반어적인 기능으로 쓰인 "어디" 와 "哪里" 는 서로 대응관계를 이룰 수 있다. 즉 "어디" 는 반어적인 기능으로 쓰일 때 보통 "哪里" 로 번역하지만 "어디" 와 달리 문장에서는 생략할 수 없다.

---

① 수사의문문이란 문장의 형식은 물음을 나타내지만 답변을 요구하지않고 의미상으로는 강한 긍정이나 부정의 진술을 내포하고 있는 문장을 말한다.

② 진설매 (2014)〈조선어 "어디" 와 중국어 "哪里/哪儿" 의 대조 연구〉, 조선어교육, p. 195.

다음 한어 "哪里"의 반어적인 기능을 같이 살펴보도록 한다.

(45) 哪儿有这样对待客人的?

(손님을 이렇게 대접하는 게 어딨어?)

(46) 世上哪儿有这种事?

(세상에 이런 일이 어디니?)

(47) 富贵、贫贱就是这么一回事, 哪里有什么因果报应呢?

(부귀와 빈천이 그냥 그렇고 어디 인과보응이라는 게 있겠는가?)

위의 례문 (45) — (47) 은 모두 "哪里"의 반어적인 기능을 표시한다. 례문 (45) 은 "이렇게 손님을 대접하면 안 된다." 의 뜻이고 례문 (46) 은 "이 세상에 이런 일이 없다" 의 뜻이다. 례문 (47) 은 "인과보응이라는 게 없다" 의 뜻을 표현한다. 이상의 례문들 중에 "哪里"는 모두 "어디"와 대응할 수 있다.

"어디"와 "哪里"는 단독적으로 반어적 기능을 수행하는 례문을 살펴보도록 한다.

(48) a. 철수가 이번에 또 떨어졌다고 하더라.

b. 어디! (안 떨어졌어)

[a. 听说哲洙这次又落榜了。b. 哪儿呀!（没落榜）]

(49) a. 이게 더 낫지 않아?

b. 어디! 그건 절대 그렇지 않아.

(a. 是不是这个更好? b. 哪儿呀! 完全不是那样。)

우의 례문 (48) (49) 은 다 "어디"가 단독적으로 나타나 부정 기능을 표시하는 것이다. 례문 (48) 의 "어디"는 앞에 화자가 말한 "철수가 또 떨어졌다"는 것을 부정하고 앞의 말에 대한 반박을 표현한다. 그리고 "어디" 뒤에 "안 떨어졌어"의 내용을 보충할 수 있다는 사실은 "어디"가 부정의 의미를 띠고 있음을 보여준다. 례문 (49) 의 "어디"는 앞 사람의 질문을 부정하는 뜻으로 사용되고 있다. 종합하면 조선어 "어디"는 문장에서 단독적으로 나타날 수 있고 담화에서 부정 기능을 수행하고 일반적으로 반박이나 상대방의 주장에 동의하지 않을 때 사용된다. 이럴 때 "어디"는 중국어 구어에서 자주 쓰이는 "哪儿呀"와 서로 대응된다.

한어 "哪里" 도 반어적 기능을 가지고 있다. 조선어 "어디" 처럼 단독적으로 쓰임으로 상대방의 관점이나 의견을 반박하여 부정한다.

（50）看见我们，他迎了上来。我问他是不是要搬家。他说"<u>哪儿啊</u>，离了，我们离婚了。"

（51）<u>哪儿呀</u>，我们还没有结婚呢。

례문을 통해서도 볼 수 있듯이 "哪里/哪儿" 는 반어적 기능을 표시할 때, "哪儿" 에 항상 어조사 "啊/呀/"① 가 붙고 구어체의 성격을 더한다. 여기서 례문 (50) 의 "哪儿啊" 와 례문 (51) 의 "哪儿呀" 는 "哪儿是搬家?" 와 "哪里结婚了?" 의 생략형으로 볼 수 있다. "哪里" 에 어조사를 붙여도 되고 붙지 않아도 된다. 례문 (50) 은 화자가 이사를 가냐고 물어봤더니 청자가 이를 부정하여 자기가 이혼했다고 한다는 뜻이다. 례문 (51) 은 청자가 둘의 관계를 부정하여 아직 결혼하지 않았다고 한 것이다.

례문 (48) — (51) 은 주로 반어적인 기능을 표시한 것이다. 즉 화자가 상대방의 주장에 동의하지 않고 반박할 때 쓰는 것이다. 이럴 때 "어디" 와 "哪里" 는 서로 대응 관계를 맺을 수 있다. 반어적인 기능 외에 한어 "哪里" 는 겸손 의미가 있다. 그러나 조선어 "어디" 에는 이런 겸손 의미가 없다.

吕叔湘 (1980) 에 의하면 "哪里" 는 독립적인 형식이나 중첩형식으로 구어 담화에 나타나 부정 기능을 수행하는 동시에 겸손 의미를 표현하기도 한다. 그런데 조선어 "어디" 는 이런 겸손 의미가 없다. 례문을 통해 검토하고자 한다.

（52）<u>哪里</u>，我还差得远呢。
　　　（아니에요. 저는 아직 멀었어요.）

（53）<u>哪里哪里</u>，还是你懂得多。
　　　（별말씀을요. 당신보다 못해요.）

---

① "哪儿呀" 는 여기서 상대방의 관점을 반박하여 부정할 때 쓰인 것이지만 뒷부분에서 "哪里" 의 겸손 의미를 검토할 때, 물론 "哪里" 는 단독적으로 혹은 중첩형식으로 화자의 겸손하는 태도를 부여할 수있지만 "哪儿呀" 도 역시 겸손의 의미를 나타낼 수 있다.

례문 (52) (53)에 나타나는 "哪里", "哪里哪里"는 모두 화자의 겸손한 태도를 나타내는 데 쓰인 것이다. 례문 (52)는 "哪里"가 독립적인 형식으로 쓰였고 상대방의 칭찬을 완곡하게 부정하여 겸손한 태도를 나타낸다. 례문 (53)의 "哪里哪里"는 중첩형식으로 상대방의 칭찬을 겸손한 태도로 사양한다는 것이다. 우의 례문에 나타내는 "哪里"는 비록 부정 의미도 표현하지만 한어 "不"보다 말투가 친절하고 완곡하게 상대방의 칭찬을 사양하는 성격을 지닌다. 이런 경우에 "哪里"는 조선어 "어디"와 대응될 수 없고 "아니에요", "별말씀을요"와 대응할 수 있다.

한어 "哪里"는 굳어진 형식으로 나타날 수도 있다. 예컨대 "哪里的话" 등 전체적으로 부정의 의미를 나타낼 수 있는데 "哪里的话"는 담화 환경에 따라 두 가지 의미가 있다. 첫째는 상대방이 감사함을 표시할 때 사양하는 말로 쓰고 둘째는 상대방의 질문을 부정할 때 쓰이는 말이다. 이와 같은 두 가지 의미를 구별해야 한다. 례문을 들면 다음과 같다.

(54) a. 这次真的非常感谢你。
    b. 哪里的话。
    (a. 이번에 진짜 고마워요. b. 천만에요.)

(55) a. 她姐妹俩闹矛盾了吗?
    b. 哪里的话，人家感情好着呢。
    (a. 그 자매들이 싸웠어요?
    b. 무슨 말이에요? 둘이 사이가 얼마나 좋은데.)

례문 (54)은 상대방이 감사의 뜻을 표현할 때 대응하는 말로 "哪里的话"를 써서 "천만에요"의 의미를 나타내고 있다. 례문 (55)는 상대방의 담론을 부정할 때 "哪里的话"가 쓰이고 "무슨 말이에요" "아니요"의 뜻을 의미한다.

3. "어디"와 "哪里"의 대조 분석 및 원인 분석

앞에서 우리는 조선어 "어디"와 한어 "哪里"의 비의문 기능을 비의문 지시 기능과 비의문 비지시 기능으로 나누어 검토하였다. "어디"와 "哪里"의 대응 관계를 정리하면 다음 표와 같다.

비의문 기능		조선어	한어
비의문 지시 기능	미정지시 기능	1. 어디+ㄴ가 2. 어디+ㄴ지 3. 어디…면 4. 어디	好像/仿佛+哪里 不知+哪里 如果/要是+哪里 哪里
	임의지시 기능	1. 어디(에)도 2. 어디(에)나 3. 어디(를/에/로)+가도(나/든) 4. 어디(에서)고	哪里都/也 无论/不管……哪里(都/也)
	연결지시 기능	없음	哪里……哪里……
	나열지시기능	어디어디	哪里哪里
비의문 비지시 기능	감탄 기능	1. 되물어 강조 기능 2. 벼름기능 3. 결과에 대한 화자의 궁금한 표지 4. 불쾌감 태도 표시	없음
	부정 기능	반어적 기능 어디	哪里/哪儿呀
		겸손 없음	哪里哪里/哪里的话

　　조선어 "어디" 와 한어 "哪里" 가 공통적으로 가진 비의문 지시 기능은 미정지시 기능, 임의지시 기능과 나열지시 기능이다. 연결지시 기능이 조선어 "어디" 는 없고 한어 "哪里" 만 가지고 있다. 여기서 미정지시 기능으로 쓰일 때 "어디" 와 "哪里" 의 대응 규칙을 도출하였다. "어디" 가 문장에서 어느 불특정한 구체적인 장소나 위치를 가리키면 "어디" 와 "哪里" 는 서로 대응 관계를 유지할 수 있다. 이럴 때 대응되는 한어는 항상 "不知哪儿", "不知道哪里" 등 형식이다. 조선어 "어디" 가 가리키는 것이 추상적인 장소 혹은 어떤 감정이나 이유이면 "哪里" 와 대응하지 않고 일반적으로 의역하거나 "不知怎的", "不知道怎么的", "不知道为什么" 로 번역한다.

"어디"와 "哪里"의 비의문 비지시 기능은 기본적인 어휘 의미에서 벗어나고 문법화 과정을 거쳐 담화에서 새로운 화용적인 기능을 부가하게 된다. "어디"와 "哪里"가 공통적으로 가진 비의문 비지시 기능은 부정 기능이고 감탄 기능은 조선어 "어디"만 지닌다. "어디"와 "哪里"의 부정 기능을 검토할 때는 두 가지 용법을 나누었다. 반어적인 용법은 "어디"와 "哪里"가 모두 가진 용법이어서 서로 대응할 수 있다. 겸손 용법은 "哪里"만 가지는 용법이고 중첩형식으로 나타나거나 일정한 굳어진 형식 "哪里的话"로 나타나기도 한다.

이상에서 론의한바와 같이 조선어 의문사 "어디"와 한어 의문사 "哪里"의 비의문 기능에는 공통점도 있고 차이점도 있다. 그들의 공통점은 언어의 보편성과 인류의 같은 인지 특성에 기인한 것이고 차이점은 주로 조선어와 한어가 각각 갖는 특성으로부터 그 원인을 찾을 수 있을 것이다.

한어와 조선어는 서로 다른 언어 류형에 속하는 언어로서 서로 다른 통사, 의미, 형태 구조를 가지고 있다. 한어는 고립어에 속하는 언어로서 기본적으로 단어의 형태 변화가 거의 없고 허사와 어순에 의하여 다양한 어법 관계를 나타내는 반면 조선어는 교착어에 속하는 언어로서 조사나 어미에 의하여 문법적인 의미를 표시한다. "어디"와 "哪里"의 미정지시 기능과 임의지시 기능을 론의할 때 조선어 "어디"는 여러가지 조사와 결합하여 형태 변화를 해서 문법적인 의미를 표시할 수 있다. 반면 한어 "哪里"는 이런 형태 변화가 없고 접속사 "无论/不管"이나 부사 "也/都" 등 요소와 함께 결합한다. 이런 차이점은 바로 언어 류형의 차이로부터 설명할 수 있다.

한어 "哪里"의 품사는 대사이다. 대사의 기본적인 기능은 지시 기능이고 의문대사, 지시대사와 인칭대사는 대사의 하위 부류이고 거의 모든 실사를 대체할 수 있다. 따라서 "哪里"는 문장에서 여러가지 지시기능을 표시할 수 있고 제약을 많이 받지 않는다. 이에 비해 조선어 "어디"의 품사는 대명사이고 그의 지시 기능이 많은 제약을 받고 있어 미정지시 기능, 임의지시 기능과 나열지시기능만 수행할 수 있다.

또한 조선어 "어디"와 한어 "哪里"는 비의문 비지시기능을 표시할 때 상당한 차이점을 보인다. "어디"와 "哪里"의 비의문 비지시기능은 바로 그들이 언어 환경에 따라 화자의 태도나 감정을 표현하는 화용적인 기능이다. 이들은 기본적인 어휘 의미에서 벗어나 문법화의 과정을 거쳐서 이런 화용적인 기능이 생기게 되었다. 그러나 "어디"와 "哪里"의 문법화 과정이나 경로가 달라 결국 두 단어가 서로 다른 화용적인 기능을 가지게 되었을 것이라고 예측할 수 있다.

4. 나오며

지금까지 조선어 "어디"와 한어 "哪里"의 기능을 살펴보고 대조 분석하였다. 대조언어학의 틀 안에서 양 언어 간에 사용되는 비의문 지시 기능, 비의문 비지시 기능의 공통점과 차이점을 찾아내며 서로의 대응관계도 밝혔다. "어디"와 "哪里"의 비의문 기능은 비의문 지시 기능과 비의문 비지시 기능으로 나눌 수 있다. "어디"가 가지는 비의문 지시 기능은 미정지시 기능, 임의지시 기능과 나열지시 기능이 있고 한어 "哪里"는 앞에 열거하는 기능 외에 연결지시 기능도 지니고 있다. 또한 비의문 비지시 기능에 속하는 감탄 기능, 부정 기능도 세분화하여 살펴보았다. "어디"와 "哪里"의 기능 면에서 대응 관계를 찾아내서 중국인 조선어 학습자에게나 한국인 한어 학습자에게나 도움이 될 수 있으면 한다.

"어디"와 "哪里"에 비의문 기능이 생기는 과정은 문법화와 주관화를 거쳐서 가지게 된 것이다. "어디"와 "哪里"의 문법화 과정도 살펴볼 필요성이 있으나 본 논문에서는 비의문 기능을 살펴보는 것을 중점으로 두었기 때문에 그들의 문법화 과정까지는 다루지 못하였다. 이는 후속 연구를 통해 보완해 나가야 할 것이다.

참고문헌

김광해, 〈국어의 의문사에 대한 연구〉, 《국어학》, 1983년 제12호.
서정목, 《국어의문문연구》, 탑출판사, 1998년.
유나, 〈중국인 학습자를 위한 담화표지 '어디'에 대한 연구 - - 한.중 화용 기능의 대조를 중심으로 - -〉, 《새국어교육》, 2015년 제103호.

후효단, 구본관,〈조선어 "얼마" 와 중국어 "多少" 의 대응 용법〉,《중국어문논총》, 2016 년 제 76 권.

후문옥, 김현철,〈중한 의문사 "谁" 와 "누구" 의 비의문 지칭기능 대조연구〉,《중국어문학논집》, 2015 년 제 6 호.

진설매,〈한국어 "어디" 와 중국어 "哪儿/哪里" 의 대조 연구〉,《한국어 교육》, 2014 년 제 2 호.

주홍만,〈한. 중 담화표지 '어디' 와 '哪里' 의 대조 연구〉, 서울시립대학교 석사학위론문, 2017 년.

丁声树:《现代汉语语法讲话》, 商务印书馆 1961 年版。

刘月华:《实用现代汉语语法》, 外语教学与研究出版社 1983 年版。

吕叔湘:《现代汉语八百词》, 商务印书馆 1980 年版。

吕叔湘:《中国文法要略》, 商务印书馆 1942 年版。

邵敬敏:《现代汉语疑问句研究》, 华东师范大学出版社 1996 年版。

王力:《中国现代语法》, 商务印书馆 1943 年版。

邢福义:《汉语语法学》, 东北师范大学出版社 1997 年版。

朱德熙:《语法讲义》, 商务印书馆 1982 年版。

汤廷池:《国语疑问句研究》,《台湾师范大学学报》1981 年第 26 期。

卫斓:《疑问代词任指用法的使用条件》,《南京大学学报》1998 年第 3 期。

侯文玉:《汉韩语疑问词对比研究》, 博士学位论文, 上海外国语大学, 2012 年。

金香兰:《表非疑问的疑问代词 "哪" 和 "어디" 的对比》, 硕士学位论文, 延边大学, 2012 年。

武宏琛:《现代汉语疑问代词非疑问用法研究述评》, 北京大学对外汉语教育学院会议论文集, 2012 年。

张尹琼:《疑问代词的非疑问用法——以 "谁" 和 "什么" 为主要样本的探索》, 博士学位论文, 复旦大学, 2005 年。